EL LIBRO DE COCINA DE EL BRASAS

Christopher Wilson

EL LIBRO DE COCINA DE EL BRASAS

Recetas vegetales para disfrutar todo el año, trucos y mucho más

Grijalbo

Papel certificado por el Forest Stewardship Council®

Primera edición: mayo de 2025

Printed in Spain – Impreso en España

ISBN: 978-84-253-6785-4
Depósito legal: B-4.600-2025

Compuesto por Roser Colomer Pinyol
Impreso en Gráficas 94, S. L.
Sant Quirze del Vallès (Barcelona)

GR67854

A quienes encuentran en la cocina un espacio
de creatividad, conexión y cambio. Que este libro
sea una invitación a explorar nuevos sabores,
cada plato un acto de conciencia y cada temporada
la inspiración para vivir en armonía con la naturaleza

ÍNDICE

QUIÉN SOY 10

INTRODUCCIÓN. COMER AL RITMO DE LAS TEMPORADAS 12

SENTANDO LAS BASES PARA DISFRUTAR DE LA COCINA TODO EL AÑO 14

DESPENSA ESENCIAL 14
- Frutas y verduras de temporada 15

ALTERNATIVAS LÁCTEAS 18
- Bebidas vegetales 18
- Quesos vegetales y sus distintos enfoques 26

POTENCIAR LOS SABORES 31
- Elementos mágicos 31

CALDOS Y SOFRITOS 39
- Caldos 39
- Sofritos 42

CREMAS, SALSAS Y ALIÑOS BASE . . . 43
- Salsas de frutos secos y semillas 44
- Veganesa 45
- Hummus y pastas de legumbres 46
- Vinagretas y aliños 47

MÉTODOS DE COCCIÓN 48
- Calor húmedo 48
- Calor seco 49

LEGUMBRES Y CEREALES 52
- Hidratación y cocción 52
- Legumbres 52
- Cereales y pseudocereales 54

PRIMAVERA 57

VERANO 89

OTOÑO 121

INVIERNO. 153

AGRADECIMIENTOS 185

ÍNDICE DE RECETAS 186

ÍNDICE DE INGREDIENTES 188

QUIÉN SOY

Muy buenas, querido lector. Antes de empezar con el libro que tienes entre manos, me gustaría presentarme brevemente. Soy Christopher Wilson y llevo más de diez años al frente de la creación y el desarrollo de proyectos gastronómicos muy especiales, como restaurantes, tiendas, panaderías, talleres, contenidos digitales, etc., en diversos países, cuya riqueza cultural me sirve como fuente de inspiración. Graduado en el Basque Culinary Center, he trabajado en restaurantes con estrella Michelin y espacios creativos como IDEO, en San Francisco, entre otros.

Tras experimentar un burnout, decidí replantear mi enfoque profesional hacia una alimentación vegetal y consciente, y aprender más sobre la cocina plant-based, de modo que me dediqué a probar y practicar y a conectarla con las varias habilidades que ya tenía. Así nace El Brasas, un proyecto desde el que promuevo un consumo más consciente, con el propósito de llevar la gastronomía vegetal al siguiente nivel. Además de mucho contenido, como recetas y tips de cocina vegetal, también he creado (junto con mi equipo) distintos talleres y cursos como «Cocina plant-based con El Brasas – Sabor, equilibrio y creatividad», donde enseño bases y técnicas que ayudan a cocinar con libertad, creatividad y autonomía.

El mundo digital está lleno de posibilidades y nos permite llegar a todos los rincones del mundo, pero necesitaba volver a estar cerca de las personas, cocinar para ellas, así que, este año, junto con mis socios y compañeros, he abierto el restaurante Bella Verde, en Puerto Pollença, Mallorca, donde recibimos a gente de todas partes.

Considero la gastronomía una herramienta de autoconocimiento y cambio. Ayudo a las personas a explorar su creatividad en la cocina, les enseño técnicas que les permitan crear y combinar ingredientes para cocinar de forma más sabrosa y nutritiva. Mi objetivo es fomentar una alimentación consciente que equilibre las necesidades del individuo, el colectivo y el entorno. Y así nace este libro, que nos invita a cocinar al ritmo de lo que nos da la naturaleza.

Chris

INTRODUCCIÓN. COMER AL RITMO DE LAS TEMPORADAS

En un mundo donde la conexión con nuestros alimentos y su origen real se ha vuelto cada vez más lejana, cocinar y comer al ritmo de lo que nos regalan las temporadas representa un acto de conciencia, cuidado y respeto por nuestro entorno. Es relativamente normal que haya muchas personas que no sepan ni siquiera cuándo es el tiempo natural de cada alimento porque estamos acostumbrados a verlos todo el año en el súper. Pero, descuida, que en las páginas siguientes vamos a tratarlo de forma escueta y amena.

En este libro te invito a regresar a lo esencial y a alimentarnos con ingredientes frescos, locales y en su punto óptimo de maduración. Así cuidaremos tanto nuestra salud como la salud del planeta.

¿Por qué elegir alimentos de temporada? Primero, porque cada estación nos brinda una variedad de frutas y verduras en su momento ideal, cuando alcanzan su máxima expresión de sabor y sus mejores propiedades nutricionales. Comer de temporada significa aprovechar alimentos que no solo son más ricos al paladar, sino que también ofrecen un mayor valor nutricional, adaptado a las necesidades de cada época del año.

Además, cuando seleccionamos productos de temporada, apoyamos la producción local. Cada compra es una oportunidad para fortalecer nuestra comunidad y dar valor a los productores que dedican su esfuerzo y pasión al cultivo respetuoso de la tierra. Esta elección fomenta la economía local y reduce la dependencia de largas cadenas de distribución. Así que, ¡date un paseo por los mercados populares, conecta con los grupos de consumo y cooperativas de productores locales de tu zona! Eso te ayudará también a conectar más con las personas, puesto que ¡comer es, también, un acto social!

Al elegir alimentos de temporada y de proximidad, contribuimos asimismo a proteger el medio ambiente. La agricultura local y estacional requiere menos recursos de transporte y conservación, lo cual se traduce en una menor huella de carbono. Por otro lado, cultivando y

consumiendo productos adaptados al clima y al suelo de cada región respetamos los ciclos naturales de la tierra, con lo que favorecemos una agricultura más sostenible a corto, medio y largo plazo.

Por último, al optar por alimentos ecológicos, locales y de temporada, ayudamos, sin duda, a reducir el desperdicio alimentario. Los productos frescos y locales llegan a nuestras mesas en mejores condiciones y se conservan por más tiempo, lo que nos permite consumirlos sin prisa, valorar cada ingrediente y desperdiciar menos.

En este libro te presento 15 recetas para cada temporada a base de productos accesibles y fáciles de encontrar. Además, están contemplados diferentes momentos de consumo para que puedas saborearlos a lo largo del día: en los desayunos, para compartir o picar entre comidas, preparar platos principales o postres. Son platos inspirados por lo mejor que cada temporada nos trae. Algunas de las recetas de este libro fueron testadas y disfrutadas con gusto a lo largo del que ha sido el primer año en nuestro restaurante Bella Verde (Islas Baleares).

Te invito a redescubrir la cocina a través de cada temporada y a explorar la abundancia y la diversidad que la naturaleza nos ofrece. Este será un viaje gastronómico que celebra el ritmo natural de la tierra y promueve una alimentación que beneficia al cuerpo, la comunidad y el planeta con recetas creativas, nutritivas y totalmente plant-based.

SENTANDO LAS BASES PARA DISFRUTAR DE LA COCINA TODO EL AÑO

Antes de entrar en las temporadas, me parece importante sentar algunas bases. Las temporadas tienen sus fechas y los productos no se ciñen solo a una. Los hay que solo duran unas pocas semanas, otros que cruzan distintas estaciones y otros disponibles todo el año. En este capítulo, aprenderás algunos fundamentos clave: desde preparaciones esenciales como leches, caldos, salsas, cremas o masalas, hasta métodos de cocción o cómo hacer el remojo de legumbres y semillas. Conocer estas técnicas te permitirá transformar tus comidas en platos deliciosos y equilibrados. Y con los potenciadores de sabor podrás, además, personalizar los platos cien por cien a tu gusto.

Poner el foco en la frescura y la sazón natural de los alimentos es el primer paso para disfrutar de una cocina plant-based que nutre el cuerpo, celebra los sabores auténticos de la naturaleza con elementos que te pueden acompañar todo el año y potencia los ingredientes más frescos de cada temporada. Las dos infografías que siguen te ayudarán a reconocerlos.

DESPENSA ESENCIAL

Para empezar a cocinar es importante entender los elementos que componen nuestro abanico de posibilidades. Aquí te traigo lo que para mí es una despensa esencial; de este modo tendrás una idea de los principales grupos de alimentos y podrás adaptarlos a tu entorno. Recuerda que lo importante no es tanto que tengas ciertos productos específicamente, sino que busques diversidad, conectes con lo que ofrece tu comercio de cercanía, priorices lo que tengas cerca y que compongas una despensa llena de colores, texturas y sabores.

FRUTAS Y VERDURAS DE TEMPORADA

VERDURAS

	ENE.	FEB.	MAR.	ABR.	MAY.	JUN.	JUL.	AGO.	SEP.	OCT.	NOV.	DIC.
	INVIERNO			PRIMAVERA			VERANO			OTOÑO		
Acelga	●	●	●	●	●	●	●	●	●	●	●	●
Albahaca				●	●	●	●	●	●	●	●	
Apionabo										●	●	
Berenjena							●	●	●	●		
Boniato	●	●	●							●	●	●
Brócoli	●	●	●	●						●	●	●
Calabacín						●	●	●	●			
Calabaza							●	●	●	●		
Cilantro			●	●	●	●	●	●	●	●	●	
Cogollo	●	●	●	●	●	●	●	●	●	●	●	●
Col lombarda	●	●									●	●
Coliflor	●	●	●	●						●	●	●
Espárrago			●	●	●							
Espinaca	●	●	●	●	●				●	●	●	●
Guisantes			●	●	●	●						
Hierbabuena				●	●	●	●	●	●	●	●	
Hinojo	●	●	●	●								●
Judía verde					●	●	●	●	●	●		
Maíz								●	●	●		
Nabo	●	●							●	●	●	●
Patata					●	●	●	●	●	●		
Perejil	●	●	●	●	●	●	●	●	●	●	●	●
Pimiento						●	●	●	●	●		
Puerro	●	●	●					●	●	●	●	●
Rabanito					●	●	●		●	●	●	
Remolacha	●	●	●	●	●	●				●	●	●
Repollo	●	●	●							●	●	●
Romanesco	●	●	●	●						●	●	●
Romero	●	●	●	●	●	●	●	●	●	●	●	●
Setas y hongos	●	●	●							●	●	●
Tirabeques			●	●								
Tomate						●	●	●	●	●		
Zanahoria	●	●	●	●	●	●	●	●	●	●	●	●

FRUTAS

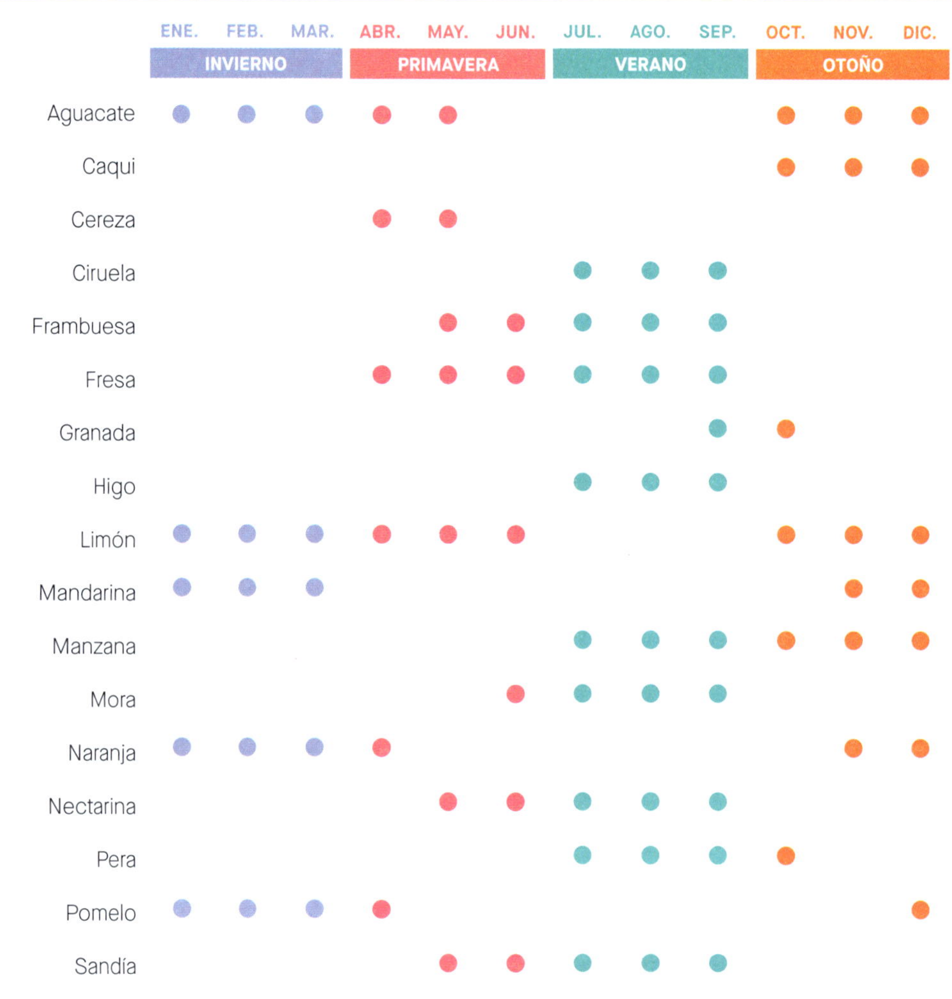

	ENE.	FEB.	MAR.	ABR.	MAY.	JUN.	JUL.	AGO.	SEP.	OCT.	NOV.	DIC.
	INVIERNO			PRIMAVERA			VERANO			OTOÑO		
Aguacate	●	●	●	●	●					●	●	●
Caqui										●	●	●
Cereza				●	●							
Ciruela							●	●	●			
Frambuesa					●	●	●	●	●			
Fresa				●	●	●	●	●	●			
Granada									●	●		
Higo							●	●	●			
Limón	●	●	●	●	●	●				●	●	●
Mandarina	●	●	●								●	●
Manzana							●	●	●	●	●	●
Mora						●	●	●	●			
Naranja	●	●	●	●							●	●
Nectarina					●	●	●	●	●			
Pera							●	●	●	●		
Pomelo	●	●	●	●								●
Sandía					●	●	●	●	●			

LEGUMBRES

- alubias: negras, blancas, rojas, variadas
- garbanzos
- lentejas
- guisantes
- proteínas vegetales
- soja y derivados: tofu, soja texturizada, tempeh, edamame
- cacahuetes
- masa y pastas secas de legumbres

CEREALES Y PSEUDOCEREALES

- arroz (integral, largo, redondo, salvaje)
- quinoa
- trigo
- avena
- cuscús
- farro
- trigo sarraceno
- bulgur
- cebada
- centeno
- kamut
- mijo
- espelta
- pasta
- noodles

HARINAS

- de trigo integral
- de trigo de fuerza
- de trigo blanca
- de garbanzo
- de espelta
- de avena
- de arroz
- de maíz
- almidones (maíz, tapioca, patata)

ENDULZANTES

- sirope de arce
- sirope de agave
- panela
- azúcar mascabado

FRUTOS SECOS Y SEMILLAS

- almendras
- anacardos
- macadamia
- pecanas
- avellanas
- nueces
- semillas de chía
- semillas de calabaza
- semillas de girasol
- semillas de linaza
- semillas de sésamo
- cáñamo
- uvas pasas
- dátiles

ACEITES, GRASAS Y VINAGRES

- aceite de oliva virgen extra
- aceite de coco
- aceite de sésamo
- aceite de girasol
- vinagre de manzana
- vinagre de jerez
- vinagre de arroz
- vinagre balsámico
- mantequilla de cacahuete
- mantequilla de anacardos
- tahini

ESPECIAS, CONDIMENTOS Y OTROS

- pimientas: negra, cayena, de jamaica, paprika, pimentón, chiles frescos
- comino
- curri
- cúrcuma
- jengibre
- nuez moscada
- mostaza
- canela
- tamari
- shoyu
- sambal
- miso
- gochujang
- alga kombu
- alga nori
- levadura nutricional
- leches vegetales
- mantequillas vegetales
- nata vegetal

SETAS

- setas silvestres variadas (en temporada)
- champiñón blanco
- portobello
- setas de ostra
- shiitake
- shimeji

ALTERNATIVAS LÁCTEAS

BEBIDAS VEGETALES

Los lácteos y sus derivados están muy arraigados en distintas culturas y hábitos de consumo, lo que supone que, por lo general, optar por no consumirlos puede ser un gran desafío.

Cuando empezamos a explorar el mundo de las leches o bebidas vegetales, nos damos cuenta de que, más que alternativas, se nos presenta una amplia variedad de posibilidades. En muchos casos las características que podemos encontrar de sabor, aroma y textura no van a ser iguales a una leche de vaca, por ejemplo, pero esto en sí es fantástico, pues tenemos no solo una opción, sino varias. En función del ingrediente principal que utilicemos tendremos características distintas, y ello nos va a permitir experimentar y crear nuestras propias recetas.

Actualmente es muy fácil encontrar opciones de bebidas o leches vegetales en casi cualquier supermercado; de soja, avena, almendras, coco y muchas otras. Hay productos que son muy buenas opciones, usan ingredientes de calidad, son bajos en azúcares y en algunos casos enriquecidos con calcio, vitamina D o B12, lo cual puede ser interesante para algunas personas. Aun así, hay que estar atentos, pues muchas opciones no resultan tan interesantes, están elaboradas con muy poca cantidad o proporción del ingrediente principal y pueden contener una serie de ingredientes extras, como azúcares refinados, grasas y aditivos varios. Obviamente, todo esto no sucede cuando preparamos nuestras leches o bebidas en casa y, de hecho, lograremos una serie de beneficios.

Primero tenemos la posibilidad de saber exactamente lo que lleva nuestra preparación, sin nada raro. Esto nos da control sobre lo que consumimos, y en las características organolépticas podemos ajustar sabores y texturas usando un u otro ingrediente. Hay muchas leches comerciales que apenas llevan el producto principal, por ejemplo, la de avena. En algunos casos encontramos marcas que usan un 2-3 por ciento de avena por litro, lo que significa que apenas tenemos beneficios más allá de consumir líquido. En casa podemos crear nuestras bebidas con mayores cantidades, 10-15 por ciento, o incluso más. A esto habría que sumar que, además, suele ser bastante más económico elaborar nuestras propias leches o bebidas vegetales que comprarlas.

Es posible preparar leches vegetales de casi cualquier elemento (semillas, frutos secos, cereales, legumbres...). Aun así, no todos los ingredientes nos van a dar resultados interesantes, principalmente organolépticos. La clave está en acertar con combinaciones que sean nutritivas y que nos ofrezcan un producto sabroso y con buena textura.

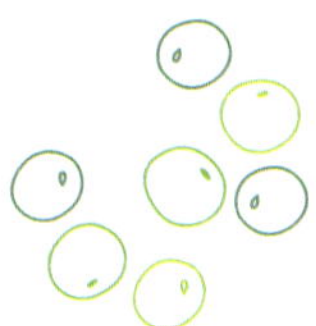

ACTIVACIÓN DE SEMILLAS

Cuando pensamos en semillas, en términos culinarios, encontramos ingredientes como el lino, el sésamo o las semillas de calabaza. Si nos vamos a un punto de vista botánico, consideramos semillas también los frutos secos, los cereales y las legumbres.

Las semillas son granos con la capacidad de germinar y dar origen a una nueva planta de la misma especie. Para cumplir con este propósito, estos elementos cuentan con una serie de mecanismos de defensa que los ayudan a protegerse de los organismos y las acciones externas. En algunos casos tenemos mecanismos físicos como son las vainas de las legumbres, pero también componentes químicos que son comúnmente llamados antinutrientes. Estos compuestos dificultan la asimilación de los nutrientes, con lo que las digestiones son peores.

La activación consiste en dejar en remojo las semillas crudas en agua filtrada por un determinado tiempo con un activador (puede ser sal en el caso de los frutos secos y vinagre o zumo de limón en los cereales y legumbres). Al dejar la semilla en remojo, esta se hidrata y pone en marcha su proceso natural de evolución, lo que ayuda a reducir los antinutrientes, hacerla más digerible y nutritiva. Es una tarea sencilla y con un poco de organización es un proceso que se hace casi solo. Solamente tienes que:

1. Lavar las semillas.
2. Cubrirlas con agua filtrada y el activador.
3. Remojar unas horas.
4. Volver a lavarlas (descarta el agua de remojo).
5. Usarlas. Se pueden conservar en la nevera 3-5 días o, en el caso de semillas y frutos secos, volver a deshidratarlas en el horno o la deshidratadora.

Hacer el proceso de activación no es obligatorio, pero tiene una serie de puntos positivos a nivel nutricional y también nos va a facilitar triturar los ingredientes, tanto si hacemos leches o bebidas como cuando preparamos quesos vegetales. He de decir que algunas semillas y frutos secos no contienen antinutrientes o los contienen en bajas cantidades, así que para estos casos basta con hidratarlas para facilitar el procesado. Es una práctica muy beneficiosa, pero no te vuelvas loco, hay estudios que demuestran que incluso los antinutrientes, como el fitato, las saponinas y los taninos, por ejemplo, pueden tener efectos positivos. La clave, como siempre, es la variedad y el equilibrio.

A continuación, te dejo una tabla que te será muy útil como guía para algunos productos, con diferentes tiempos en función del ingrediente.

PSEUDO-CEREALES

Quinoa
0,5-2 horas

Trigo sarraceno
6-8 horas

CEREALES INTEGRALES

Arroz
8-12 horas

Avena
6-8 horas

Cebada
6-8 horas

LEGUMBRES

Garbanzos
6-8 horas

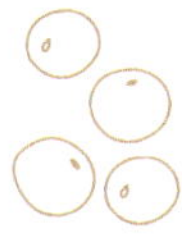

Soja
8-12 horas

Cacahuetes
6 horas

FRUTOS SECOS Y SEMILLAS

Almendras
8-12 horas

Avellanas
8 horas

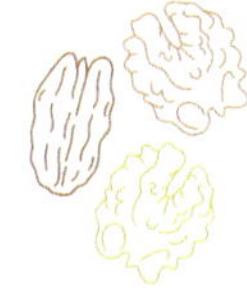

Nueces
4-8 horas

Anacardos
2-8 horas

Pistachos
4 horas

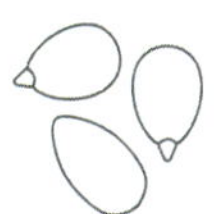

Calabaza
4-8 horas

Girasol
2-4 horas

Sésamo
4-8 horas

Lino
4-8 horas

Chía
4-8 horas

HACIENDO LECHES Y BEBIDAS VEGETALES

Lo bueno de hacer leches en casa es que puedes diseñar tus recetas y adaptarlas a tus gustos. Te voy a compartir una receta base que puedes aplicar como punto de partida para casi cualquier ingrediente principal que quieras utilizar. Puedes usar semillas, frutos secos, cereales e incluso legumbres. Cabe recordar que si optas por legumbres debes cocinar la leche antes de consumirlas, y algunos cereales también se hacen más digeribles al cocinar.

RECETA BASE

1. 100-200 g de producto principal (avena, almendras, avellanas, sésamo)
2. 1 l de agua
3. Extras:

    a. Para dar sabor y aromas utiliza especias, vainilla, chocolate o frutos secos.
    b. Puedes endulzar con azúcares o endulzantes naturales (yo suelo usar dátiles o sirope de agave).
    c. Opcionalmente agrega algún tipo de aceite neutro, como girasol o nabina, si buscas una textura más cremosa.

LECHE DE AVENA

PARA 4 VASOS DE 250 ml

INGREDIENTES

- 100 g de avena (hidratada toda la noche y pasada por agua)
- 1 l de agua
- 1 dátil (opcional)
- una pizca de sal (opcional)

En mi opinión, esta es la leche más versátil. Tiene buen sabor, una textura melosa y cremosa, y es supereconómica. Además de pura, puedes utilizar la leche de avena como base por su textura y mezclarla con otros elementos como avellanas o chocolate para obtener una leche cremosa con un sabor increíble. Si te cuesta digerir la avena puedes cocinarla previamente: hiérvela en un cazo cubierta con agua. Cabe recordar que el proceso de preparación de los copos finos de avena incluye un cocinado.

ELABORACIÓN

Tritura todos los ingredientes en una batidora 1 o 2 minutos hasta que se integren bien. Cuela la leche por un colador fino o de tela y exprime para aprovechar al máximo todo el líquido. Reserva la fibra sobrante para preparar cookies, bizcochos o tortitas.

Puedes no colar la leche y consumirla con la fibra; ahora bien, la textura no siempre es agradable para todos los paladares. Por último, guarda la leche en un recipiente hermético en la nevera. Puedes consumirla perfectamente hasta 3 días más tarde.

LECHE DE CREMA DE CACAHUETES Y TAHINI

PARA 4 VASOS DE 250 ml

INGREDIENTES
- 50 g de mantequilla de cacahuete
- 50 g de tahini
- 1 l de agua
- 1 cda. de sirope de agave (opcional)

Otra forma de hacer leches es a partir de mantequillas o cremas de frutos secos y semillas. De esta manera es más rápido y no necesitas colar la mezcla, con lo que se aprovechan mucho mejor todos los elementos. Esta receta es supersabrosa, tiene buena textura y además es rica en proteínas y calcio.

ELABORACIÓN

Tritura todos los ingredientes en una batidora 1- 2 minutos hasta que se integren bien. No es necesario colar esta leche.

Guarda la leche en un recipiente hermético en la nevera hasta 3 días.

LECHE DE SEMILLAS DE CÁÑAMO

PARA 4 VASOS DE 250 ml

INGREDIENTES
- 100 g de semillas de cáñamo (hidratadas 2-4 horas)
- 1 l de agua
- 1 dátil
- una pizca de sal

Las semillas de cáñamo son un ingrediente con alta cantidad de proteínas, vitaminas y ácidos grasos esenciales, como el omega-3 y omega-6. Se suelen encontrar ya descascarilladas. Esta receta nos da una leche con un sabor vegetal interesante, alta en proteínas y nutrientes, y que, además, nos puede servir de base para preparar una ricotta de cáñamo.

ELABORACIÓN

Tritura todos los ingredientes en una batidora 1- 2 minutos hasta que se integren bien. Cuela la leche con un colador fino o de tela y exprime para aprovechar al máximo todo el líquido. Recuerda que puedes guardar la fibra para hacer otras preparaciones. Si prefieres consumir la fibra, no cueles la leche.

Puedes conservar la leche en un recipiente hermético en la nevera hasta un máximo de 3 días.

CHOCOLATE CALIENTE DE AVENA

PARA UNA TAZA DE 250 ml

INGREDIENTES

- 250 ml de leche de avena
- 20 g de chocolate con un porcentaje mínimo de 80 por ciento
- 1 cda. de cacao en polvo
- endulzante al gusto (opcional)

Antes de nada, quiero que sepas que las leches vegetales reaccionan de distintas maneras al calor en función del ingrediente que contengan. Entender cómo cada una responde nos va a dar la posibilidad de disfrutar de distintas aplicaciones. La leche de avena, por ejemplo, tiene almidones en su composición que al calentarse se gelatinizan y la leche se espesa. Podemos utilizar esta reacción para recetas en las que buscamos esa textura, como una salsa o un chocolate calientes, como esta opción que te enseño a continuación.

ELABORACIÓN

En un cazo incorpora todos los ingredientes y ponlos a calentar. Remueve constantemente hasta que veas que empieza a espesar. Si hervimos la mezcla llegaremos a la capacidad máxima de espesamiento. Recuerda que, cuando se enfríe, la textura será incluso más firme.

QUESOS VEGETALES Y SUS DISTINTOS ENFOQUES

Los quesos son posiblemente los productos a los que más nos cuesta renunciar cuando elegimos no consumir productos de origen animal. Cada vez hay más opciones de quesos vegetales en el mercado, y algunas marcas tienen productos bastante logrados, pero otras comercializan procesados que terminan siendo mezclas de grasas, almidones y saborizantes. Poder experimentar en casa y crear productos interesantes y, en la inmensa mayoría de los casos, de mayor calidad, nos va a dar autonomía y más control sobre nuestra alimentación.

Entender el proceso de elaboración de los quesos tradicionales es fundamental para trabajar los vegetales y conseguir muy buenos resultados. De forma general los quesos de origen animal suelen tener dos momentos principales:

- El primero es la coagulación de la leche, que puede ser ácida, enzimática o mixta. Cada una de ellas da pastas distintas y se usan para conseguir un tipo de queso u otro.
- El segundo es el proceso de la maduración, que puede ser por un periodo bastante breve, en torno a los 30 días, y, también, puede abarcar mucho tiempo, incluso más de 9 meses. Casi siempre se suelen utilizar cultivos iniciadores que van a fermentar el queso y desarrollar sus características, sea en su coagulación, sea en su maduración, si es el caso de un queso madurado.

La fermentación y maduración son procesos importantes en la elaboración de los quesos, y si queremos conseguir productos a base de plantas con características similares a los quesos de origen animal, fermentar y madurar es el camino. Esto suele demandar más tiempo, más atención, y nos abre a la posibilidad de cometer errores. Hay formas de conseguir productos con muy buenos resultados, algo más sencillos y rápidos de hacer, que nos ofrecen soluciones más inmediatas. En este capítulo aprenderás algunas opciones de gran utilidad durante las distintas temporadas.

Para preparar quesos vegetales partiremos principalmente de semillas y frutos secos, aunque también se pueden elaborar con legumbres y algunos productos alternativos pueden hacerse con cereales.

Es posible coagular una leche vegetal que contenga suficiente proteína. Obtenemos así una pasta que podemos utilizar para elaborar nuestros productos. Este proceso funciona bien con la soja (sí, el tofu es casi un queso de la leche de soja), los cacahuetes, las almendras o la leche de cáñamo. A continuación, aprovechando la leche que preparamos anteriormente, arranco con una cuajada de cáñamo y también añado otras recetas para empezar a explorar el maravilloso mundo de los quesos.

MOZZARELLA DE ALMENDRAS

PARA 10 MOZZARELLAS

INGREDIENTES

- 200 g de almendras remojadas o hervidas 10 minutos
- 400 ml de agua
- 75 g de almidón de tapioca
- 10 g de miso blanco
- 10 g de vinagre
- el zumo de 1 limón
- 1 cda. de levadura nutricional
- 2 g de agar-agar
- sal al gusto

Para la salmuera

- 1 l de agua
- 10 g sal

ELABORACIÓN

Tritura todos los ingredientes en una batidora 3-5 minutos. Rectifica de sal y acidez. Pasa la mezcla a un cazo, cocina a fuego medio-bajo removiendo con una varilla hasta que hierva y espese. Retira del fuego y deja enfriar unos minutos.

Mezcla los ingredientes de la salmuera en un recipiente y prepara otro recipiente con agua fría. Utiliza 2 cucharas para preformar las mozzarellas. Coge 1 cucharada de la mezcla de almendras y con la otra empuja la masa para que caiga dentro del recipiente con agua fría. Ahora, con las manos dale forma de bola y pásala al recipiente con la salmuera. Repite el proceso hasta terminar la mezcla.

Conserva en la nevera hasta 5 días.

CUAJADA DE CÁÑAMO

PARA 2 TAZAS DE 250 ml

INGREDIENTES
- 500 ml de leche de cáñamo
- 1 cda. de zumo de limón
- una pizca de sal
- hierbas frescas o secas (opcional)

ELABORACIÓN

Pon la leche de cáñamo a calentar a fuego medio, remueve constantemente y mide la temperatura. No debe hervir. Cuando llegue a 85 °C retira del fuego, añade el zumo de limón, tapa y deja reposar 30-40 minutos para que termine de formarse y baje la temperatura.

Pasado ese tiempo, prepara un bol con un colador y un paño de tela, y vierte el líquido con cuidado. Recoge las puntas del paño y deja que se filtre el líquido con la propia gravedad, procurando no apretar. Llévalo a la nevera al menos 8-10 horas, o toda la noche, para que termine de drenar y adquiera firmeza.

Al día siguiente, retira el paño y, ¡sorpresa!, tendrás una cuajada firme. Pon a punto de sal y ya está lista para consumir. Puedes hacerlo tal cual o aliñarla con hierbas frescas o secas. Se conserva en la nevera en buenas condiciones hasta 5 días.

QUESO CREMA DE ANACARDOS

PARA 300 g DE CREMA

INGREDIENTES
- 200 g de anacardos remojados o hervidos 10 minutos
- 100 ml de agua
- 10 g de miso blanco
- 1 cda. de levadura nutricional
- el zumo de 1 limón
- 1 cda. de vinagre de arroz
- una pizca de sal

ELABORACIÓN

Tritura todos los ingredientes en una batidora. Rectifica la textura con más o menos agua. Pon a punto de sal y acidez.

Conserva el queso en un recipiente hermético en la nevera hasta 5 días.

FETA DE TOFU

PARA 200 g DE FETA

INGREDIENTES

- 200 g de tofu firme
- 1 cda. de miso blanco
- 1 cda. de agua
- 3 cdas. de AOVE
- el zumo de ½ limón
- 1 cda. de vinagre
- 1 cda. de levadura nutricional
- orégano al gusto
- una pizca de sal

ELABORACIÓN

Corta el tofu en cubos y reserva. En un bol prepara una marinada con los demás ingredientes e incorpora a ella el tofu. Guarda en un recipiente hermético y reserva en la nevera al menos media hora antes de usar.

RICOTTA DE TOFU

PARA 200 g DE RICOTTA

INGREDIENTES

- 200 g de tofu firme
- 1 cda. de AOVE
- 1 cda. de miso
- el zumo de ½ limón o lima
- pimienta negra al gusto
- sal al gusto

ELABORACIÓN

Tritura todos los ingredientes con una túrmix o una batidora hasta conseguir una mezcla cremosa. Si hace falta, añade una cucharada de agua para aligerar la mezcla. Ya sabes que la textura es al gusto, de modo que adáptala como prefieras. Prueba la mezcla y pon a punto de sal.

Esta es la crema base a la que puedes añadir distintos elementos para variar el sabor y los aromas. Te recomiendo hacerlo con hierbas picadas, mezcla de especias o tomate seco picado, por ejemplo. Las combinaciones son infinitas, así que dale rienda suelta a tu creatividad.

POTENCIAR LOS SABORES

En las siguientes páginas vamos a adentrarnos en el infinito y agradecido mundo de las especias, capaces de no solo potenciar un plato, sino incluso de transformarlo por completo al crear unas combinaciones deliciosas.

ELEMENTOS MÁGICOS

Pocas cosas son comparables al sabor de un buen tomate, cosechado en su momento justo, con un chorrito de aceite de oliva virgen extra y algo de sal. Aunque quizá podrían estar a la altura el sabor y la melosidad de un boniato asado lentamente. Y es que los buenos productos no necesitan demasiado para regalarnos mucho sabor y una maravillosa experiencia gastronómica. El mundo vegetal tiene infinitas posibilidades y recursos para potenciar el sabor y agregar nuevos aromas a las preparaciones. La cocina es un constante y delicioso aprendizaje donde debemos ir descubriendo nuevos elementos e incorporar aquellos que nos gustan y nos dan buenos resultados.

Algunos son mágicos, con capacidad, incluso en pequeñas cantidades, de impulsar nuestras recetas a otros niveles. Uno de ellos son las especias y hierbas. Se utilizan en la cocina y la medicina desde hace miles de años. Sazonan, aromatizan y crean nuevos sabores.

Las especias suelen ser raíces, cortezas o fragmentos de semillas y hierbas (hojas frescas o secas), y contienen una serie de compuestos aromáticos volátiles que llegan a nuestra nariz y boca, dando lugar a experiencias únicas.

La percepción del sabor es una cualidad compuesta no solamente del gusto, sino también del olfato. Los sabores son apenas cinco: ácido, amargo, dulce, salado, umami (cabe mencionar que hay culturas que consideran más sabores), pero existen millares de olores y aromas. Las diferentes combinaciones entre ellos es lo que identifica y diferencia un ingrediente de otro. Cuando hablamos de aromas, hablamos de una infinidad de compuestos aromáticos que suelen estar organizados en dos grandes familias: los terpenos y los compuestos fenólicos.

Los primeros suelen ser aromas más ligeros y etéreos que marcan las primeras notas de un elemento; son notas más frescas, florales, cítricas, pinosas... Al ser más volátiles, suelen perderse más fácilmente con el cocinado. Los compuestos fenólicos, por su parte, tienden a ser más persistentes y marcan los principales aromas de elementos como el clavo, la vainilla, la canela y el anís. Los componentes que forman los picantes son derivados de fenólicos picantes, aunque cabe recordar que el picante no es un sabor ni un olor, sino una sensación que percibimos.

Debido principalmente a los compuestos que presentan podemos pensar en diferentes usos para las especias y hierbas, en especial cuando aplicamos calor al cocinar. Las especias y algunas hierbas como el tomillo, el laurel y el romero por norma general tardan más en desprender sus aromas, por ello conviene utilizarlas más al principio de nuestras preparaciones. Por otro lado, las hierbas frescas como el perejil, el cilantro o la hierbabuena pierden rápidamente sus notas más frescas cuando se cocinan mucho tiempo; por eso es recomendable añadirlas al final.

Sin duda, descubrir y probar nuevas especias y hierbas, y hacer combinaciones nos ayudará a llevar nuestros platos al siguiente nivel; ahora bien, durante muchos años y en distintas culturas se han ido desarrollando diferentes mezclas y combinaciones que forman un abanico muy interesante para empezar a probar. Personalmente, considero dos grupos, las masalas, o mezclas secas, y las pastosas, o mezclas húmedas. ¡Vamos con ellas!

MASALAS SECAS

En este grupo, vamos a trabajar con hierbas y especias secas para conseguir una mezcla determinada. Ya he comentado que podemos encontrar una infinidad de combinaciones en tiendas o supermercados, aun así, mi recomendación es que prepares en casa tus propias mezclas.

Te comparto varios puntos que me parecen importantes de cara a obtener mejores resultados:

1. Siempre que puedas prioriza semillas, granos, hojas enteras en lugar de en polvo. Las especias enteras conservan sus propiedades por más tiempo, cerca de un año. Su formato en polvo pierde gran parte de sus aromas en pocos meses.
2. Almacena siempre tus especias en recipientes herméticos y alejados de la luz directa. Y, si es posible, en recipientes oscuros, mejor aún.
3. Utiliza un mortero, una batidora o un molinillo de café para moler tus especias y hierbas. Prepara cantidades moderadas.
4. Aplicar calor ayuda a desprender los aromas. Añade las especias al principio y antes de verter el agua a tus preparaciones. Los aceites y las grasas son buenos precursores aromáticos. Puedes rehogarlas ligeramente en aceite de oliva virgen extra, por ejemplo.

5. Busca combinaciones comunes y luego experimenta y varía las cantidades y los elementos.
6. Hay una serie de combinaciones y masalas muy conocidas y emblemáticas que nos pueden servir de guía para crear nuestras propias composiciones. Te dejo abajo algunas mezclas secas para que tengas bases para empezar a crear. Solo tienes que seguir las recetas y ajustar las cantidades a tu gusto.
7. Para todas seguimos el mismo proceso: moler o triturar e incorporar todos los elementos.

SAZÓN

Mezcla típica usada en platos latinoamericanos

INGREDIENTES

- 1 cda. de ajo en polvo
- 1 cda. de cebolla en polvo
- 1 cda. de comino molido
- 1 cda. de cúrcuma molida
- ½ cdta. de pimienta negra molida
- 2 cdas. de achiote molido o pimentón dulce en polvo

TANDOORI

Mezcla originaria de la India y el Pakistán

INGREDIENTES

- 1 cdta. de jengibre molido
- 1 cdta. de comino molido
- 1 cdta. de cilantro molido
- 1 cdta. de pimentón dulce
- 1 cdta. de cúrcuma molida
- 1 cdta. de pimienta de cayena

MEDITERRÁNEO

Mezcla de elementos típicos del Mediterráneo

INGREDIENTES

- 2 cdas. de tomillo seco
- 2 cdas. de romero seco
- 2 cdas. de orégano seco
- 1 cda. de ajo en polvo
- 1 cda. de cebolla en polvo
- 1 cda. de pimentón dulce
- 1 cda. de pimentón picante

RAS EL HANOUT

Mezcla muy usada en la zona del Magreb

INGREDIENTES

- 1 cdta. de comino molido
- 1 cdta. de jengibre molido
- ½ cdta. de pimienta negra molida
- ½ cdta. de canela molida
- ½ cdta. de cilantro molido
- ½ cdta. de cayena
- ½ cdta. de pimienta de Jamaica molida
- ¼ cdta. de clavo molido

GARAM MASALA

Mezcla de distintos países del sudeste asiático

INGREDIENTES

- 1 cdta. de comino en grano
- 1 cdta. de cilantro en grano
- 1 cdta. de pimienta negra en grano
- ½ cdta. de cardamomo
- ½ cdta. de canela molida
- ½ cdta. de nuez moscada
- ¼ cdta. de clavo de olor
- una pizca de chile seco

CRIOLLA

Mezcla de Nueva Orleans, fusión de distintos orígenes

INGREDIENTES

- 3 cdas. de pimentón dulce
- 2 cdas. de orégano seco
- 2 cdas. de pimienta negra molida
- 1 cda. de albahaca seca
- ½ cda. de pimienta de cayena
- ½ cda. de cebolla granulada
- 2 cdtas. de tomillo seco
- 2 cdtas. de ajo granulado

CHIMICHURRI SECO

Mezcla muy utilizada en la cocina argentina

INGREDIENTES

- 3 cdas. de orégano seco
- 3 cdas. de albahaca seca
- 2 cdas. de perejil seco
- 2 cdas. de tomillo seco
- 1 cdta. de pimienta negra molida
- 1 cdta. de ajedrea seca
- 1 cdta. de pimentón ahumado
- 2 cdtas. de ajo en polvo

MASALAS HÚMEDAS

Cuando, además de especias y hierbas secas, añadimos otros elementos frescos o aceites o elementos húmedos, obtenemos masalas húmedas o pastas. Existen distintas formas de trabajarlas. Podemos triturar y mezclar todo, y conservarlas, o llevar al fuego y evaporar el máximo de agua para concentrar la mezcla.

Todas las masalas secas de la sección anterior pueden convertirse en húmedas si sustituimos los elementos secos por frescos, como el ajo molido seco por ajo fresco o las hierbas secas por unas frescas.

Te dejo algunas versiones de mezclas pastosas en las páginas siguientes para que tengas unas bases con las que empezar a crear.

CURRI AMARILLO

INGREDIENTES

- 1 chalota
- 2 dientes de ajo
- 20 g de jengibre fresco o 1 cda. en polvo
- 15 g de cúrcuma fresca o 1 cda. en polvo
- 3 chiles rojos
- 30 g de pimiento rojo
- 2 cdtas. de cilantro en grano
- 2 cdtas. de comino en grano
- 1 cdta. de pimienta negra
- ½ cdta. de cardamomo
- ½ cdta. de clavo
- la ralladura y el zumo de 1 lima
- la ralladura y el zumo de 1 limón
- ½ manojo de cilantro fresco
- 30 g de lemongrass (si posible)
- 50 ml de aceite neutro o de oliva
- sal al gusto

ELABORACIÓN

Calienta las especias secas en una sartén a fuego bajo aproximadamente 5 minutos, remueve varias veces.

Añade todos los ingredientes en un procesador y tritura hasta conseguir una pasta. Puedes guardarla tal cual o llevar la pasta al fuego y dejarla reducir unos 10-15 minutos.

Consérvala en un recipiente hermético hasta 2 semanas en la nevera o divídela en porciones y congélala hasta 6 meses.

CURRI VERDE

INGREDIENTES

- 3 chiles verdes
- ½ pimiento verde
- 2 ajos
- 20 g de jengibre fresco o 1 cda. en polvo
- 5 g de cúrcuma fresca o 1 cdta. en polvo
- 2 cdtas. de cilantro en grano
- 2 cdtas. de comino en grano
- 1 cdta. de pimienta negra en grano
- la ralladura y el zumo de 1 lima
- la ralladura y el zumo de 1 limón
- 30 g de limoncillo (opcional pero recomendable)
- 1 cda. de sirope de agave

ELABORACIÓN

Calienta las especias secas en una sartén a fuego bajo durante 5 minutos y remuévelas.

Añade todos los ingredientes en un procesador y tritura hasta conseguir una pasta.

Consérvala en un recipiente hermético hasta 2 semanas en la nevera o divídela en porciones y congélala hasta 6 meses.

PASTA DE CURRI ROJO

INGREDIENTES

- 80 g de cebolletas
- 1 tallo de limoncillo
- 3 g de jengibre fresco o galanga
- 9 g de ajo (sin piel)
- 3 g de cúrcuma fresca
- 100 g de pimiento rojo picado y sin semillas
- 20 g de chiles rojos sin semillas
- ½ cdta. de semillas de cilantro
- 1 cdta. de semillas de comino
- ½ cdta. de granos de pimienta negra
- ½ cdta. de sal
- 45 ml de zumo de limón
- la ralladura y el zumo de 1 lima mediana
- 30-45 ml de aceite vegetal neutro
- 15 ml de endulzante

ELABORACIÓN

Calienta las especias secas en una sartén a fuego bajo 5 minutos y ve removiéndolas puntualmente.

Añade todos los ingredientes en un procesador y tritura hasta conseguir una pasta. Puedes guardarla tal cual o llevar la pasta al fuego y dejarla reducir durante 10-15 minutos.

Consérvala en un recipiente hermético hasta 2 semanas en la nevera. También puedes dividirla en porciones y congelarla hasta 6 meses.

HARISSA

INGREDIENTES

- 8-10 chiles baklouti sin semillas (también puedes utilizar el guajillo o la ñora)
- 3 dientes de ajo pelados
- 1 cdta. de comino en polvo
- 1 cdta. de cilantro en polvo
- 1 cdta. de alcaravea en polvo (opcional pero más auténtico)
- 1 cdta. de sal
- 3 o 4 cdas. de AOVE
- 1 o 2 cdas. de zumo de limón (opcional para un toque de acidez)

ELABORACIÓN

Hidrata los chiles secos sumergiéndolos en agua caliente durante unos 20 minutos, hasta que estén blandos. Escúrrelos y sécalos ligeramente con papel de cocina.

Calienta las especias secas en una sartén a fuego bajo durante 5 minutos, removiendo de vez en cuando.

Añade todos los ingredientes en un procesador y tritura hasta conseguir una pasta.

Consérvala en un recipiente hermético hasta 1 mes en la nevera o divídela en porciones y congélala hasta 6 meses.

MAJADOS Y PESTOS

Otro concepto interesante muy utilizado son los majados y pestos. La elaboración consiste en aplastar en un mortero o triturar en un procesador hierbas frescas junto con otras especias y elementos como frutos secos.

Te propongo a continuación un majado de hierbas muy fresco y aromático para finalizar casi cualquier plato y un pesto distinto para el que utilizamos espinacas y pistachos.

Usa estas recetas como base y anímate a experimentar y crear tus propias combinaciones. Por mi parte, a lo largo del libro te voy a enseñar otras variaciones de pestos y majados que van a acompañar las recetas.

AJADA

INGREDIENTES

- ½ manojo de perejil
- ½ manojo de cilantro
- ¼ manojo de cebollino
- 1 diente de ajo
- el zumo de 1 lima
- el zumo de 1 limón
- 10 ml de vinagre de manzana
- una pizca de sal

ELABORACIÓN

Tritura todos los elementos en una batidora, un procesador de alimentos o un mortero. Conserva la ajada en un recipiente hermético en la nevera hasta 5 días.

PESTO DE ESPINACAS Y PISTACHOS

INGREDIENTES

- 10 hojas de albahaca
- 50 g de hojas de espinacas
- 20 g de pistachos
- 10 g de levadura nutricional
- 1 diente de ajo
- el zumo de ½ limón
- una pizca de sal
- 80 ml de AOVE

ELABORACIÓN

Tritura todos los elementos, a excepción del aceite, en una batidora, un procesador de alimentos o un mortero. Añade el aceite poco a poco para emulsionar.

Conserva el peso en un recipiente hermético en la nevera de 2 a 3 días.

CALDOS Y SOFRITOS

CALDOS

Los caldos son fundamentales en la cocina. Son la base de preparaciones como sopas, arroces, guisos y salsas. Con un caldo hecho con elementos que aportan sabor y aroma creamos platos sabrosos y con la ventaja de que no es necesario invertir mucho tiempo.

Hay una infinidad de recetas de caldos, y, por supuesto, también podemos crear las nuestras propias. El concepto es siempre el mismo: extraer e infusionar en agua el máximo de sabores y aromas de uno o más elementos. Partiendo de esto, será nuestra decisión utilizar una olla común, exprés o hacer caldos al vacío. Aplicamos calor para extraer los sabores, pero, ojo, porque también se pueden hacer caldos en frío, como es el caso del dashi, muy utilizado en la cocina japonesa y que integra principalmente alga kombu y bonito seco, entre otros elementos. En la versión plant-based se suele utilizar shiitake deshidratada.

Podemos preparar caldos utilizando ingredientes elegidos para la ocasión o emplear la técnica para extraer sabores de recortes, cáscaras y pieles, con lo que aprovechamos al máximo los alimentos. Cada temporada, y su variedad de ingredientes, nos permite disfrutar de distintos caldos, así que mi consejo es que te inspires en los ingredientes de la estación para probar nuevas combinaciones. Te dejo algunas claves para conseguir caldos más intensos en menor tiempo.

1. Usa el agua justa. Los caldos clásicos suelen llevar mucha agua y se reducen durante horas para concentrar los sabores. Puedes usar menos agua y tener una extracción más corta, pero más concentrada.
2. Corta las verduras en trozos pequeños. Cuantos más trozos cortamos, más fácil es la extracción de sabores.
3. Dora y tuesta los ingredientes. Cuando doramos las verduras, estas se caramelizan y dan lugar a nuevos compuestos con más sabor y aroma. Puedes dorar en una olla con aceite antes de añadir el agua u hornear los ingredientes unos minutos antes de hervirlos.
4. Busca ingredientes con umami. El umami es el famoso y querido quinto sabor. Hay una serie de ingredientes que lo contienen de forma natural, como las setas, el shoyu o tamari y las pastas de soja fermentadas como el miso.

A continuación, tienes 3 recetas base para que empieces a crear. La primera es un caldo más clásico, la segunda, un caldo de recortes con mucho umami y la última, un caldo dashi vegetal.

CALDO VEGETAL

PARA 1,5 l DE CALDO

INGREDIENTES

- 1 cebolla
- 2 zanahorias
- 3 ramas de apio
- 1 puerro
- 4 ajos
- 1 tomate
- ½ manojo de perejil
- 1 cdta. de pimienta negra
- 1 cdta. de tomillo o 2 ramitas
- 2 o 3 hojas de laurel
- 20 ml de AOVE
- 2 l de agua

ELABORACIÓN

Corta las verduras en mirepoix (cubos de 1,5-2 cm). En una olla alta, vierte el aceite de oliva y rehoga las verduras unos minutos, hasta que empiecen a coger algo de color. Añade las hierbas y las especias, y cubre con el agua. Deja hervir suavemente durante 30-45 minutos, hasta que reduzca un 30 por ciento aproximadamente. Retira del fuego, tapa y deja reposar 20 minutos.

Cuela el caldo y consérvalo en un recipiente hermético en la nevera hasta 5 días o, si no, congélalo para que te dure hasta 6 meses.

CALDO UMAMI DE RECORTES

PARA 1,5 l DE CALDO

INGREDIENTES

- 500 g de recortes y pieles de verduras
- 100 g de pieles y cáscaras de verduras
- 3 dientes de ajo
- 6 shiitakes
- 10 g de alga kombu
- 30 ml de AOVE
- 2 l de agua

ELABORACIÓN

Corta las verduras, disponlas en una bandeja de horno, rocía con un chorrito de aceite de oliva y mezcla bien. Prepara otra bandeja de horno con las pieles y cáscaras (recuerda que deben estar bien limpias). Hornea las dos bandejas al horno a 180 °C durante 20-30 minutos o hasta que las verduras y pieles se hayan dorado.

Saca del horno y pasa los elementos a una olla alta. Agrega las setas shiitake y la kombu, y cubre con el agua. Deja hervir suavemente durante 30-45 minutos, hasta que reduzca un 30 por ciento aproximadamente. Retira del fuego, tapa y deja reposar 20 minutos.

Cuela el caldo y consérvalo en un recipiente hermético en la nevera hasta 5 días o congélalo hasta 6 meses.

CALDO DASHI VEGANO

PARA 1 l DE CALDO

INGREDIENTES

- 10 g de alga kombu
- 10 g de shiitake
- 1 l de agua

ELABORACIÓN

Para hacer el caldo dashi vegano puedes utilizar el método de infusión en frío o en caliente, en función del tiempo que tengas. Te explico.

Para la infusión en frío, mezcla todos los ingredientes en un recipiente y deja en remojo un mínimo de 8 horas (un consejo, si puedes dejarlo reposar 24 horas, el sabor se intensificará muchísimo y estará mucho más rico).

Si optas por la infusión en caliente, vierte el agua hirviendo sobre las setas y el alga, y deja reposar al menos 30-45 minutos.

Sea con un método u otro, al finalizar escurre el caldo, apretando bien las setas para extraer el máximo de líquido. Resérvalas y utilízalas en otras preparaciones.

SOFRITOS

El sofrito es una base tan importante en la cocina como lo es un caldo.

Podríamos definirlo como una mezcla de verduras, generalmente cortadas en cubos pequeños, que se doran, pochan y reducen al fuego con algo de grasa, como aceite de oliva. Durante este proceso los ingredientes se caramelizan, con lo que sus sabores se potencian y concentran. Puedes hacer sofritos con distintas verduras, cebollas variadas, pimientos, tomates..., y añadir especias y hierbas para ampliar aún más la paleta de aromas.

Te dejo las indicaciones para un sofrito base, más común, de cebolla y tomate, a fin de que lo uses como una guía para luego hacer modificaciones y crear tus versiones.

SOFRITO BÁSICO

INGREDIENTES

- 1 cebolla cortada en brunoise (cubos pequeños de 1-2 mm)
- 4 tomates
- 80 ml de AOVE
- 2 hojas de laurel
- sal al gusto

ELABORACIÓN

Calienta el aceite en una olla de base ancha y pocha la cebolla a fuego medio durante 30 minutos. No olvides remover de vez en cuando. La cebolla debe caramelizarse, pero no oscurecerse demasiado (si eso empieza a pasar, añade un poquito de agua).

Mientras, corta los tomates por la mitad y rállalos. Reserva la pulpa (incluso puedes guardar las pieles para un caldo de recortes o aprovechamiento).

Añade el tomate y el laurel a la cebolla, y cuece unos 20-25 minutos.

Pon a punto de sal y conserva en un recipiente hermético hasta 1 semana en la nevera o congélalo hasta 6 meses.

CREMAS, SALSAS Y ALIÑOS BASE

Cuando cocinamos, es importante ir construyendo distintos elementos que nos sirvan de base para variadas combinaciones, porque se convierten en un comodín excelente que nos permite no tener que pensar en la receta desde cero y nos facilita la creación de platos. Por eso, un buen recurso es crear salsas, cremas y aliños básicos: las salsas de frutos secos y semillas, los hummus y pastas de legumbres, y las vinagretas y aliños serán nuestros aliados.

SALSAS DE FRUTOS SECOS Y SEMILLAS

En la cocina plant-based se usan mucho los frutos secos y las semillas para crear leches y quesos vegetales o salsas y cremas.

El proceso es básicamente el mismo:

1. Hidratar/activar la semilla o el fruto seco.
2. Triturar con un líquido (agua o caldo) en mayor o menor proporción en función de la textura que estemos buscando.
3. Añadir las especias, las hierbas o los condimentos que prefiramos.

El anacardo es un ingrediente muy interesante para crear cremas y salsas, dado que es muy mantecoso y posee un sabor fino. Así que en esta receta he escogido este fruto seco como base y he añadido algunas ideas sobre cómo utilizarla. Vamos allá.

CREMA AGRIA DE ANACARDOS

INGREDIENTES

- 200 g de salsa base de anacardos
- el zumo de 1 lima o limón
- una pizca de sal

ELABORACIÓN

Mezcla todos los ingredientes, pon a punto de acidez y sal, y reserva en un recipiente hermético en la nevera.

SALSA BASE DE ANACARDOS

INGREDIENTES

- 200 g de anacardos remojados toda la noche
- 150 ml de agua
- una pizca de sal

ELABORACIÓN

Tritura todos los ingredientes en una batidora 1- 2 minutos, hasta conseguir una salsa lisa y homogénea. Listo.

Consérvala en un recipiente hermético 3-4 días en la nevera, o congélala para que te dure hasta 6 meses.

COMBINACIONES:

Para una salsa estilo bechamel con queso:

- Mezcla la crema de anacardos con levadura nutricional, pimienta negra y nuez moscada.

Para distintas salsas o dips mezcla la base de anacardos con:

- Pastas picantes como sriracha, sambal o chiles chipotle en adobo.
- Hierbas frescas o pestos.
- Verduras asadas como remolachas, zanahorias o calabaza.
- Especias o masalas secas o húmedas.

VEGANESA

La versión vegetal de la veganesa es muy fácil de preparar y similar a la original. El resultado es una crema muy versátil. La base de una buena veganesa suele llevar leche vegetal, idealmente de soja o aquafaba (el líquido de cocción de los garbanzos), y un aceite de sabor neutro. A partir de ahí, basta con añadir un ácido como el vinagre o el limón y, si quieres darle un giro especial, especias o hierbas frescas. Aquí te dejo la receta de veganesa base y algunas ideas para personalizarla.

VEGANESA BASE

INGREDIENTES

- 100 ml de leche de soja
- 50 ml de AOVE
- 50 ml de aceite vegetal neutro
- 10 ml de mostaza de Dijon
- el zumo de 1 lima
- 5 g de sal

ELABORACIÓN

Tritura todos los ingredientes, menos el aceite vegetal neutro, y añade poco a poco el aceite vegetal. Pon a punto de sal y acidez. Reserva.

VEGANESA DE CHIPOTLE

INGREDIENTES

- 100 ml de leche de soja
- 50 ml de aove
- 50 ml de aceite vegetal neutro
- 1 diente de ajo
- 15 g de chipotles en adobo
- 10 g de mostaza de Dijon
- 1 cdta. de pimentón ahumado
- el zumo de 1 lima

ELABORACIÓN

Tritura todos los ingredientes, menos el aceite vegetal neutro, y añade poco a poco el aceite vegetal. Pon a punto de sal y acidez. Reserva.

COMBINACIONES:

Las combinaciones son infinitas. Puedes añadir hierbas como el cilantro, la albahaca o el eneldo, ajos asados, ajo negro o condimentos como el miso, la soja, la mostaza o el gochujang.

HUMMUS Y PASTAS DE LEGUMBRES

Otro recurso superinteresante son las pastas de legumbres, que pueden servirnos para disfrutar en distintos momentos: sobre unas tostadas, en dips con verduras o como base para ensaladas o platos principales. Es una forma realmente práctica y sabrosa de incorporar legumbres y proteínas en nuestra dieta.

Una vez entendido el concepto de obtener una crema a partir de una legumbre con un elemento graso y especias, podemos crear infinitas combinaciones variando cada uno de estos elementos.

El hummus tradicional se elabora a base de garbanzos, tahini y especias. En este libro te voy a enseñar otras variaciones de hummus para acompañar las recetas. A continuación, te dejo una receta base de hummus que me encanta preparar.

COMBINACIONES:

- Sustituye los garbanzos por otras legumbres, por ejemplo, alubias blancas o guisantes.
- · Añade verduras asadas a la mezcla, tales como calabaza, zanahoria, pimientos o remolacha.
- · Utiliza distintas especias o mezclas, también algún majado.

HUMMUS BASE

INGREDIENTES

- 200 g de garbanzos cocidos (u otra legumbre)
- 50 ml de agua
- 1 diente de ajo
- 20 g de tahini
- 15 g de pasta de curri amarillo
- el zumo de ½ limón
- una pizca de sal

ELABORACIÓN

Incorpora todos los ingredientes a una batidora o un procesador de alimentos y tritura hasta conseguir una crema homogénea. Pon a punto de sal y limón.

Consérvalo en un recipiente hermético en la nevera y podrás disfrutar de tu hummus durante 5 días.

HUMMUS VERDE

INGREDIENTES

- 150 g de hummus base
- 20 g de espinacas
- 15 g de ajada

ELABORACIÓN

Incorpora todos los ingredientes a una batidora o un procesador de alimentos y tritura hasta conseguir una crema homogénea.

Conserva en un recipiente hermético en la nevera hasta un máximo de 5 días.

VINAGRETA Y ALIÑOS

Las vinagretas y los aliños son salsas emulsionadas de agua (vinagres o zumos ácidos) en aceite, a las que se añaden condimentos, hierbas o especias para conseguir distintos sabores. La proporción base suele ser de 1 parte de vinagre para 3 partes de aceite. Partiendo de esta proporción podemos crear infinidad de combinaciones con las que no solo aliñar ensaladas, sino también aderezar verduras y otros elementos en multitud de platos.

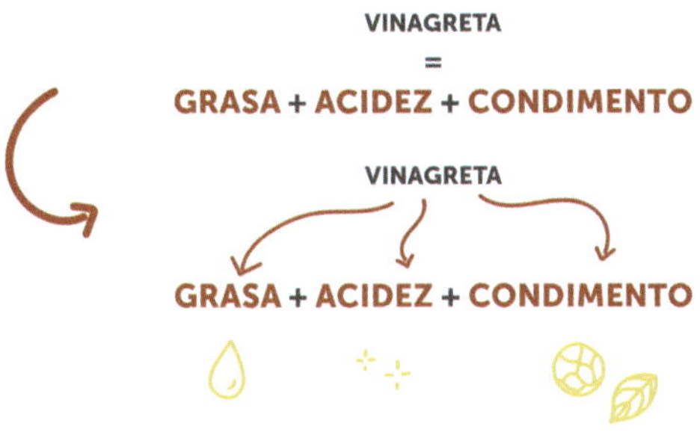

VINAGRETA DE MOSTAZA Y AGAVE

INGREDIENTES

- 90 ml de AOVE
- 30 ml de vinagre de manzana
- 5 g de mostaza
- 15 g de sirope de agave
- una pizca de sal

ELABORACIÓN

Mezcla todos los ingredientes, pon a punto de acidez y sal. Listo.

Partiendo de la misma estructura, varía los elementos, utiliza otro tipo de aceite, de vinagre y de condimento. Incluso puedes añadir el zumo de alguna fruta ácida para sustituir parte del vinagre.

Te dejo algunas alternativas:

- Vinagreta balsámica con fresas: aceite de oliva, vinagre balsámico y puré de fresas frescas.
- Vinagreta de limón y albahaca: aceite de oliva, zumo de limón fresco, ralladura de limón y albahaca picada.
- Vinagreta de naranja y jengibre: aceite de sésamo, zumo de naranja, un toque de vinagre de arroz y jengibre rallado.
- Vinagreta de miso y sésamo: aceite de sésamo, pasta de miso, vinagre de arroz y miel.
- Vinagreta de vino tinto y ajo: aceite de oliva, vinagre de vino tinto, ajo picado y un toque de romero fresco.
- Vinagreta de mango y lima: aceite de aguacate, puré de mango, zumo de lima y cilantro picado.
- Vinagreta de mostaza y estragón: aceite de oliva, vinagre de vino blanco, mostaza de Dijon y estragón fresco.
- Vinagreta de frambuesa y menta: aceite de oliva, vinagre de frambuesa, puré de frambuesas y menta picada.
- Vinagreta de pepino y yogur: aceite de oliva, yogur vegetal, pepino rallado, zumo de limón y eneldo.

MÉTODOS DE COCCIÓN

Además de utilizar productos de temporada para aprovechar su mejor momento, es importante comprender los diferentes métodos de cocción con los que transformamos nuestros ingredientes.

Con cada tipo de cocción conseguimos generar nuevas texturas, sabores y, por lo general, hacer más digeribles ciertos alimentos, si bien eso supone degradar algunos nutrientes.

Existen innumerables formas de cocinar una patata o un pimiento, los métodos pueden ser variados y específicos en cuanto a detalles, pero, aun así, podemos organizarlos en dos grandes grupos. Entender estos grupos y sus particularidades es un gran paso para cocinar de manera más efectiva, sabrosa y creativa.

CALOR HÚMEDO

Todos los métodos que utilizan agua, caldo o el vapor de los mismos productos se consideran métodos de calor húmedo. Al tratarse de un medio húmedo (principalmente compuesto por agua), la temperatura a nivel del mar será de 100 °C máximo, salvo en el caso de una olla a presión (que puede llegar a 120 °C). Dentro de este grupo encontramos, por ejemplo, hervir, cocer al vapor, cocer a presión, estofar y guisar.

Con estos métodos las verduras tienden a ablandarse e intensificar sus sabores. Te dejo a continuación los principales métodos de calor húmedo.

HERVIR

Cocer en agua hirviendo es una de las formas más fáciles y rápidas, ya que el agua transfiere calor de manera eficiente. Para minimizar la pérdida de sabor y nutrientes, busca cocinar a máxima temperatura el menor tiempo posible. Utiliza una buena cantidad de agua con sal. Para verduras con alta cantidad de fécula, como las patatas y los boniatos, es interesante empezar a cocer los alimentos en agua fría y llevar a ebullición.

COCER AL VAPOR

Sin duda, utilizar vapor es una buena opción para minimizar la pérdida de sabores y nutrientes de los alimentos. La verdura tiende a absorber menos agua y a liberar menos compuestos, de modo que queda más firme y sabrosa.

COCER A PRESIÓN

Este tipo de cocción con ollas a presión nos ayuda a reducir los tiempos de cocinado porque llega a temperaturas más altas. Se utiliza principalmente para verduras duras y firmes, feculentas y legumbres.

Presta atención al fuego, puesto que los ingredientes pueden pasarse rápidamente.

ESTOFAR Y GUISAR

En este método, cocinamos nuestros elementos en un caldo sabroso y aromático que impregna los ingredientes con sus características. Para ello, hay que hacerlo a fuego medio-bajo, por lo que la cocción será más lenta.

CALOR SECO

Bajo este término se engloban todos los métodos que calientan el alimento a temperaturas mucho más altas que el punto de ebullición. Pueden ser por medio de aceite, aire, metales calientes o calor irradiado por distintas fuentes como otros metales, llamas o brasas. Aquí están incluidos métodos como asar al horno o a la parrilla, o freír y dorar en una sartén.

Al utilizar temperaturas más altas, las superficies de los alimentos se secan, se tuestan y generan reacciones de caramelización y de Maillard (que se produce cuando sometemos los alimentos a altas temperaturas). Te dejo a continuación los principales métodos de calor seco y algunos mixtos.

FREÍR

La fritura se realiza en aceite caliente a altas temperaturas. Conseguimos ablandar internamente a la vez que secamos y doramos el exterior de los alimentos. Cuando hablamos de freír, las temperaturas son importantes y han de estar entre los 165 °C y los 180 °C. Si freímos a temperaturas más bajas, el producto absorbe mayor cantidad de aceite (lo cual no nos interesa) y no queda crujiente.

SALTEAR

En este caso, se utiliza una sartén o un wok muy calientes para cocinar los ingredientes con un poco de aceite y removiendo constantemente. Con ello, conseguimos dorar el exterior y mantener crujientes las verduras.

SOFREÍR

Básicamente consiste en cocinar a fuego lento los ingredientes con aceite para que se ablanden y caramelicen poco a poco.

ASAR AL HORNO

Esta técnica tiene distintos enfoques. Usamos el calor radiado y el aire dentro del horno para cocer los ingredientes. Las temperaturas varían entre 90 °C y 250 °C. A temperaturas bajas los alimentos se secan, deshidratan y concentran su sabor. Las temperaturas altas producen superficies tostadas y doradas e interiores húmedos y jugosos. Utiliza algo de aceite para facilitar los dorados, pero no lo abarrotes de ingredientes, y recuerda remover de vez en cuando para asegurar que reciben calor por todos los lados.

ASAR A LA PARRILLA

Al asar a la parrilla o al grill exponemos las verduras a altas temperaturas, ya sea mediante llamas, metales o brasas. Este método es interesante para conseguir dorados y tostados sabrosos y aromáticos. Ten cuidado con no chamuscar, porque, cuando esto sucede, se generan sustancias dañinas para la salud. Sí o sí deberás utilizar algo de aceite para facilitar los dorados.

GLASEAR

Se trata de una técnica mixta en la que primero cocinamos a fuego medio con un poco de aceite y la tapa puesta. De este modo las verduras sueltan humedad y se cocinan en parte con el vapor de sus propios jugos. Después hay que retirar la tapa y la humedad se evaporará, con lo que se crea una pequeña capa de jugo y grasa que cubre las verduras. En este caso, también se pueden usar salsas y caldos.

BRASEAR

Brasear es una técnica que consiste primero en dorar los elementos en la sartén con un poco de aceite y, acto seguido, añadir caldo o líquido y pasar a cocer a fuego lento.

A continuación, te dejo una tabla con los principales métodos de cocción y algunas de sus características.

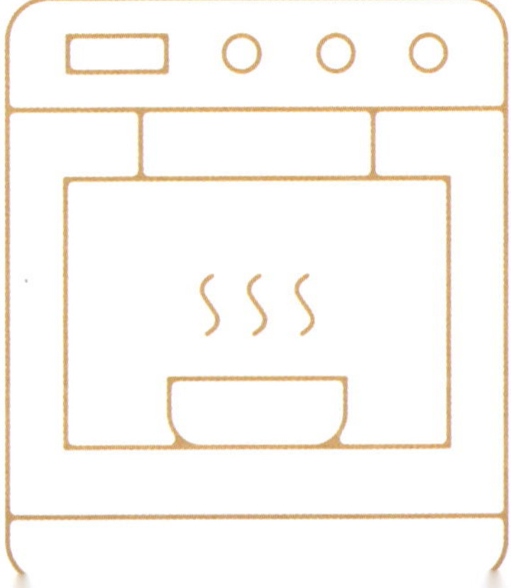

MÉTODO	MEDIO	TEMPERATURA	OBSERVACIONES
Hervir	agua/caldo	100 °C	Cocina lo mínimo posible para reducir pérdida de sabor y nutrientes.
Cocer al vapor	vapor	100 °C	Verduras más sabrosas y nutritivas.
Estofar /guisar	caldo	80-100 °C	Cocina a fuego lento en caldos sabrosos y aromáticos.
Freír	aceite	165-185 °C	Frie por tandas y a temperatura correcta para resultados más crujientes y menos aceitosos.
Asar a la parrilla	poco aceite	200-250 °C	Controla temperatura y tiempos. Utiliza aceite para facilitar los dorados, cuidado con el chamuscado.
Asar al horno	aceite/jugo	90-240 °C	Bajas temperaturas para secar y concentrar sabor. Altas temperaturas para superfícies doradas e interiores húmedos y jugosos.
Saltear	aceite	180-200 °C	Wok o sartén muy caliente, un poco de aceite y mucho movimiento.
Sofreír	aceite	90-100 °C	Fuego bajo para ablandar y caramelizar poco a poco.
Glasear	poco aceite / jugo	90-120 °C	Cocina primero con un poco de aceite y con la tapa. Después retira la tapa y deja evaporar los jugos.
Dorar en sartén	aceite	165-180 °C	Calienta la sartén, luego añade el aceite. Dora cada lado hasta que se despegue de la sartén.

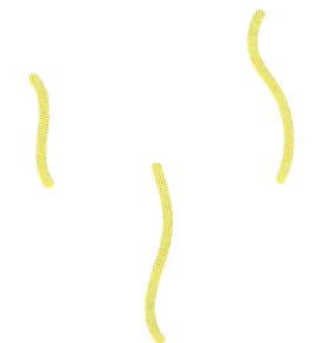

LEGUMBRES Y CEREALES

En este último capítulo, quiero hablarte de dos imprescindibles en una dieta basada en plantas: las legumbres y los cereales, de los que disponemos todo el año, ya que, junto con los productos de temporada, contribuyen a mantener una alimentación equilibrada y nutritiva.

HIDRATACIÓN Y COCCIÓN

Los cereales y las legumbres, aunque en cocina los tratemos como grupos diferenciados, a nivel botánico son semillas. Por eso, al igual que las semillas y los frutos secos, son elementos con los que conviene aplicar la práctica de activación. Ya vimos que es una acción sencilla que nos ayuda a mejorar la digestibilidad y la biodisponibilidad de los nutrientes. En el caso de las legumbres y los cereales, al haber un proceso de cocinado, la hidratación se vuelve aún más interesante para facilitar este proceso, ya que se reducen los tiempos que se requieren para cocinar.

LEGUMBRES

Las legumbres son un alimento fascinante con altas capacidades nutritivas. Aportan proteínas, hierro, vitaminas del grupo B, ácido fólico y otros micronutrientes. Junto con su valor nutricional, las legumbres también son una elección sostenible y respetuosa con el medio ambiente, pues son cultivos que requieren menos agua y generan bajas emisiones de carbono en comparación con otras fuentes de proteínas.

Estos pequeños tesoros culinarios son muy versátiles y se pueden utilizar en una amplia variedad de platos, como sopas, guisos, ensaladas frescas y hamburguesas vegetarianas.

Por norma general, las legumbres presentan gran cantidad de almidón y deben cocerse en agua para que se ablanden. Si son frescas, como los guisantes o las vainas verdes, al tener más agua, la cocción es relativamente rápida y en 10-20 minutos las tendremos listas. En este caso la hidratación no es necesaria.

Por otro lado, las legumbres secas, al haberse deshidratado, se convierten en grandes fortalezas y pueden tardar 1 o 2 horas en cocerse. Por eso la hidratación es muy necesaria para facilitar el cocinado. Durante las primeras horas de hidratación, las legumbres absorben gran parte del agua y a partir de las 12 horas suelen duplicar su tamaño. Los tiempos y resultados pueden variar en función del agua y otros elementos que se utilicen, así un agua dura, con niveles altos de calcio o magnesio, además de elementos ácidos, hace que se retrase la cocción, mientras que un medio alcalino tiene el efecto contrario y acelera el ablandamiento. Cuando queremos cocer lentamente o mantener la estructura de las legumbres más firmes, buscaremos acidez, azúcares o elementos con calcio. Si lo que queremos es acelerar el ablandamiento por falta de tiempo, hay distintas estrategias. La hidratación puede reducir en hasta un 25 por ciento el tiempo de cocinado y, si a esta hidratación añadimos sal (10 g por litro) o bicarbonato (1 cucharadita por litro), reducimos aun más el tiempo de cocción. Cabe recordar que el bicarbonato puede crear una textura muy pastosa en las legumbres e incluso generar un sabor peculiar. Utilizar ollas a presión es una muy buena manera de acelerar las cocciones, pues reducen hasta un 50 por ciento el tiempo total de cocinado.

Un consejo: es importante ajustar los tiempos para no cocinar demasiado los productos y que queden tersos y en su punto.

A continuación, te presento una tabla de referencia con los tiempos recomendados de hidratación y cocinado de distintas legumbres.

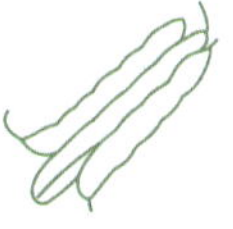

	Guisantes frescos	**Judías verdes**	**Edamame**
REMOJO	no necesario	no necesario	no necesario
COCCIÓN	2-5 min	5-7 min	4-5 min

	Alubias blancas, pintas o negras	**Azuki**	**Garbanzos**	**Lentejas**	**Mungo**	**Soja**
REMOJO	12-24 h	12-24 h	12-24 h	6 - 12 h	12 h	12-24 h
COCCIÓN	1 h	1 h	2 h	40-50 min	45 min	1 h
OLLA A PRESIÓN	30 min	25-30 min	45 min	15 min	20 min	25-30 min

CEREALES Y PSEUDOCEREALES

Cuando hablamos de cereales, nos referimos a las distintas plantas de la familia de las gramíneas. Son plantas que producen semillas comestibles y que constituyen la base de la alimentación global. Son fuente importante de hidratos de carbono, proteínas, fibra, vitaminas del complejo B y minerales como hierro, zinc y magnesio.

También son importantes los pseudocereales, plantas distintas a las gramíneas que a su vez producen semillas comestibles similares a los cereales y que se utilizan de forma muy parecida. Hablamos, por ejemplo, de la quinoa, el amaranto y el trigo sarraceno. Los cereales integrales, al contener todas las partes del grano, suelen ser más nutritivos y presentan sabores más acentuados.

Existen distintas formas de usar y cocinar los cereales, como harinas para hacer masas y panes, por ejemplo. Aunque estos granos no suelen hidratarse, es interesante incluir la hidratación siempre que sea posible para hacerlos más digeribles y reducir los tiempos de cocción.

Hay dos etapas principales a la hora de cocinar gran parte de los cereales: introducir agua en el grano para hidratar las células y el almidón; y calentar el grano para gelatinizar el almidón y ablandar las paredes celulares. Este proceso se puede hacer a la vez o en momentos separados. Los cereales integrales requieren más tiempo de cocinado que los que no tienen cáscara o los que se adquieren en otros formatos, como copos.

Estos son los tres pasos que debemos aplicar para cocinar la inmensa mayoría de los cereales:

1. Empieza hirviendo agua y añade los granos.
2. Mantén el hervor suave durante gran parte del cocimiento, con la tapa entreabierta.
3. Retira del fuego 2- 3 minutos antes de que finalice el tiempo recomendado de cocción, tapa y deja reposar unos minutos.

La tabla que tienes a continuación te servirá de referencia para que te aclares con los tiempos y ratios de cocción de algunos cereales y pseudocereales. Recuerda que, si hidratamos previamente los granos, las ratios bajarán.

	Amaranto	Arroz integral	Arroz basmati	Arroz bomba	Arroz arborio	Farro
RATIO	1:1	1:3	1:2	1:3	1:3	1:2
COCCIÓN	12-17 min	40 min	10-12 min	18 min	20 min	20 min

	Mijo	Quinoa	Trigo sarraceno	Cuscús	Polenta
RATIO	1:2	1:2	1:1,5	1:1	1:4
COCCIÓN	20-25 min	10-12 min	12-20 min	Hidratar en agua hirviendo 5 minutos	30 min

LA PRIMAVERA: MÁS COLOR EN EL PLATO

En el hemisferio norte, la primera estación del año arranca con el equinoccio de primavera, el 21 de marzo, y termina con el solsticio de verano, el 21 de junio. Tres meses que nos darán mucho juego gastronómicamente hablando.

Después del frío invierno, la subida de temperatura permite el florecimiento de una serie de especies vegetales, las actividades de los animales y un olor especial en el suelo. Sus colores pintan el paisaje y también nuestros platos con una explosión de color y frescura en cada bocado. Son típicos de esta temporada vegetales como espárragos, alcachofas, guisantes, habas, hinojo, rábanos; hojas como espinacas, perejil, albahaca, hierbabuena, y frutas frescas y cítricas como naranja, albaricoque, cerezas y también aguacate.

En primavera, el cuerpo comienza a despertar después del invierno y necesita alimentos ligeros y ricos en nutrientes que ayuden a revitalizar el sistema. Los vegetales verdes, como espinacas, espárragos y guisantes, son ricos en clorofila y vitaminas del complejo B, lo que ayuda a aumentar los niveles de energía y también a desintoxicar el organismo. Las frutas frescas, como fresas y cerezas, aportan antioxidantes y una dulzura ligera, con lo que se facilita el equilibrio del cuerpo para una transición suave hacia los meses más cálidos.

En este capítulo, exploramos ingredientes que despiertan los sentidos y celebramos la energía renovadora de esta temporada, con platos que combinan ligereza y sabor. Aprovecha la abundancia de los mercados —¡no te quedes solo con lo que ves todo el año en el súper!— y aprovecha lo mejor de estos productos llenos de vida y textura que anuncian la llegada del verano.

PRIMAVERA
PRIMAVERA
PRIMAVERA
PRIMAVERA
PRIMAVERA

PARA 2-4 PERSONAS

PANCAKE DE QUINOA CON TOFU Y ESPÁRRAGOS VERDES

INGREDIENTES

Para los pancakes de quinoa

- 1 taza de quinoa
- 1 taza de agua
- 10 ml de AOVE
- una pizca de sal

Para el revuelto de tofu

- 200 g de tofu firme
- 50 ml de leche vegetal
- 1 cdta. de miso
- 1 cda. de tahini
- 1 cdta. de pimienta negra
- 1 cdta. de orégano
- 1 cdta. de sal negra (opcional para potenciar el sabor a huevo)
- 1 cdta. de cúrcuma
- 1 cda. de AOVE

Para el salteado de espárragos y rabanitos

- ½ manojo de espárragos verdes
- 6 rabanitos
- 10 ml de AOVE
- sal y pimienta

Los espárragos verdes son la estrella de la primavera; utilízalos como ingrediente en todo lo que puedas. Lo interesante de esta receta es que abre la posibilidad de preparar pancakes a partir de cereales y legumbres más allá del trigo. En este caso, usamos además la quinoa, que nos da una preparación más nutritiva. Te animo a que pruebes también con garbanzos, lentejas, sarraceno o kamut. Para un desayuno rico en nutrientes, he incluido el revuelto de tofu, una preparación muy versátil.

ELABORACIÓN

Lo primero, debes dejar en remojo la quinoa al menos 6 hora (de hecho, yo suelo dejarla toda la noche).

Pasado el tiempo, lava la quinoa y échala a una batidora junto con una taza de agua y una pizca de sal. Tritura hasta conseguir una masa ligera.

Calienta una sartén con un chorrito de aceite y agrega parte de la mezcla girando la sartén para que la mezcla se reparta uniformemente. Cocina 1- 2 minutos, dale la vuelta y cocina un par de minutos más. Retira del fuego. Repite el proceso hasta terminar la mezcla.

Prepara el revuelto desmenuzando el tofu en un bol. Incorpora todos los ingredientes, menos el aceite. Pon una sartén a fuego medio-alto con un chorrito de aceite de oliva y agrega la mezcla de tofu. Cocina unos 3-4 minutos y remueve. Puedes hacerlo más cremoso y húmedo, o secar y dorar dejándolo un par de minutos en la sartén. Reserva.

Corta las puntas fibrosas de los espárragos y córtalos en dos. Divide los rábanos también por la mitad.

Para servir

- Hierbas frescas variadas (hierbabuena, eneldo...)
- 1 gajo de limón

En una sartén caliente con aceite de oliva, saltéalos un par de minutos hasta que empiecen a dorar un poco. Pon a punto de sal y pimienta. Reserva.

Sirve los pancakes con el revuelto de tofu y el salteado, y decora con hierbas frescas y limón.

PARA 2 PERSONAS (4 BLINIS)

BLINIS DE ZANAHORIA

INGREDIENTES

- 200 g de zanahoria
- 100 g de harina de garbanzo
- 60 ml de agua
- 40 g de queso crema de anacardos (ver receta en pág. 29)
- 1 aguacate
- el zumo de ½ limón
- 1 zanahoria
- 2 rabanitos
- una pizca de sal
- 1 cdta. de semillas de sésamo
- ½ cdta. de pimentón
- ½ cdta. de pimienta negra
- 1 cda. de AOVE

Las zanahorias se pueden encontrar durante casi todo el año, aunque en la primavera es cuando más producción tenemos. En el libro las incluyo en casi todas las temporadas, cocinadas de distintas formas. Aquí las agregamos a la masa de los blinis. Puedes variar los toppings como más te guste.

ELABORACIÓN

Ralla la zanahoria en un bol y añade una pizca de sal y la pimienta negra, y deja que la mezcla sude un poco. Después, añade el agua y la harina de garbanzo, y remueve hasta tener una masa con tropezones. Deja reposar un par de minutos. Calienta una sartén con un chorrito de aceite de oliva y agrega la mezcla formando 4 blinis. Deja dorar 2-3 minutos por cada lado.

En un bol aplasta el aguacate ligeramente con un tenedor, con una pizca de sal, el zumo de limón y el pimentón.

Monta los blinis variando los toppings. Añade el machacado de aguacate con rabanitos y crema de queso con las láminas de zanahoria. Termina con pimentón, pimienta y las semillas de sésamo.

PARA 2 KG DE MERMELADA

MERMELADA DE NARANJA DE MI PADRE

INGREDIENTES

Para la mermelada

- 3 kg de naranja
- 1,5 kg de azúcar
- agua

Para el *overnight* de avena y semillas para 1 persona

- 1 taza (80 g) de avena
- 1 taza (180 ml) de leche vegetal
- 1 cdta. de chía
- 1 cdta. de lino
- 1 cdta. de sésamo
- 1 cdta. de avellanas
- 1 cda. de sirope de agave

Las naranjas brillan desde finales de otoño, alargándose durante todo el invierno, y empiezan a dejarnos a mediados de primavera. Para disfrutar de ellas más tiempo, las mermeladas son ideales. Esta es una receta que me enseñó mi padre y que me encanta porque usas casi toda la naranja. Tiene un punto de amargor que la hace adictiva. Aunque siempre la disfruto con una generosa tostada de un buen pan, traigo también una receta de overnight *de avena y semillas para disfrutar con un par de cucharadas de mermelada.*

ELABORACIÓN

Lava bien las naranjas, corta los extremos y luego en cuartos. Retira las pepitas. Corta la naranja en tiras bien finas; usa un cuchillo o un procesador (te recomiendo el procesador, pues es muchísimo más rápido). Llena una olla de agua justo hasta cubrir las naranjas. Cocina 1 hora y añade el azúcar. Cocina la mezcla a fuego medio-bajo durante aproximadamente otra hora más, remueve de vez en cuando para que no se pegue. Cuando esté en su punto, rellena botes de vidrio esterilizados, cierra, gíralos y deja que enfríen. Ya tienes tu mermelada lista para unos cuantos meses.

En un recipiente hermético mezcla bien todos los ingredientes del *overnight*, tapa y deja en la nevera hasta el día siguiente.

Sirve unas cucharadas de mermelada sobre el *overnight* y disfruta.

PARA 2 PERSONAS

ENSALADA DE AGUACATE TATEMADO CON CÍTRICOS

INGREDIENTES

- 150 g de zanahoria
- 200 ml de zumo de naranja
- 1 aguacate
- 1 naranja
- 15 ml de AOVE
- 30 g de cebolla morada
- 10 g de mostaza de Dijon
- la ralladura y el zumo de 1 limón
- hojas de cilantro al gusto
- una pizca de sal y pimienta

Los aguacates que se cultivan en España suelen verse a finales de invierno y en primavera, aunque es una fruta de clima tropical con alta necesidad de riego, así que disfrútalo con moderación. Esta receta los combina con zanahoria y cítricos, en una ensalada distinta, con el aguacate tatemado, que nos da ideas para explorar nuevas formas de usarlo.

ELABORACIÓN

Pela y pica la zanahoria en cubos, añade a un cazo y cubre con el zumo de naranja y una pizca de sal. Cocina a fuego medio 10-15 minutos o hasta que se ablande. Con una batidora o una túrmix tritura hasta conseguir una crema. Enfría en la nevera.

Pela la naranja, retira las partes blancas, pica en cubos y añádela a un bol. Aliña con el aceite de oliva, la mostaza, la ralladura de limón, la pimienta negra y una pizca de sal. Reserva en la nevera.

Pica la cebolla en juliana, pásala a un bol, añade el zumo de limón, una pizca de sal y deja encurtir al menos 20 minutos en la nevera.

Abre el aguacate y córtalo en 5-6 gajos. Calienta una sartén con un chorrito de aceite de oliva y dóralo 2-3 minutos por cada lado.

En un plato sirve la crema cítrica fría, el aguacate tatemado y la ensalada de naranja, y termina con la cebolla morada encurtida y las hojas de cilantro a modo de *topping*.

PARA 5-6 ROLLITOS

ROLLITOS DE ACELGA

INGREDIENTES

- 6 hojas de acelgas
- 100 g de arroz blanco cocido
- 20 g de tahini
- 3 dátiles deshuesados
- 20 g de almendras
- la ralladura de ½ limón
- el zumo de 1 limón
- ¼ manojo de perejil
- ¼ manojo de cilantro
- 20 ml de AOVE
- 80 g de yogur vegetal
- una pizca de sal y pimienta negra

Las acelgas de distintos colores pueden encontrarse casi todo el año. Sé que es una verdura que no siempre es la que más gusta, así que la incluyo de formas muy atractivas en otras temporadas. Esta receta es delicada y muy sabrosa. Un plato ideal para compartir.

ELABORACIÓN

Calienta una sartén y tuesta ligeramente las almendras, añade los dátiles y saltea un poco. Retira del fuego, deja enfriar, pícalos con un cuchillo y agrega todo a un bol. Mezcla en el mismo bol el arroz, el tahini, la ralladura de limón y el zumo de ½ limón, el perejil y el cilantro picados y una cucharada de aceite de oliva.

Mezcla el yogur con el zumo de ½ limón, y una pizca de sal y pimienta. Reserva en la nevera.

Calienta una olla con agua y sal. Cuando arranque a hervir, cocina 15 segundos las acelgas, retira del fuego y extiende las hojas estiradas sobre una encimera o tabla limpias. Corta el tallo central y junta las puntas sueltas. Agrega una cucharada de la mezcla de arroz en la base de la hoja, cierra los lados y enrolla hacia arriba formando los rollitos, tal como aparece en la foto. Repite el proceso con todas las hojas.

Calienta una sartén con un hilo de aceite de oliva y dora los rollitos un par de minutos por cada lado. Retira del fuego y ¡listo! Sirve en un plato ancho acompañado de la salsa de yogur.

PARA 2-4 PERSONAS

HUMMUS DE GUISANTES Y CRUDOS

INGREDIENTES

Para el hummus verde

- 500 g de guisantes
- 50 g de tahini
- 20 ml de AOVE
- 20 g de pimentón dulce ahumado
- el zumo de 1 limón y de ½ lima
- 1 diente de ajo
- 30 ml de leche vegetal
- hojas de 2-3 ramas de hierbabuena
- una pizca de sal y pimienta

Para servir

- 1 nabo
- 1 zanahoria
- 3-4 rabanitos
- hojas de hierbabuena picada al gusto
- hojas de eneldo al gusto
- ½ cdta. de sumac
- ½ cdta. de pimentón
- 1 cda. de AOVE
- sal en escamas al gusto

Los guisantes brillan en primavera. En esta receta les damos todo el protagonismo con un dip grumoso muy sabroso que sorprende a todo aquel que lo prueba. La clave es cocinarlos a la inglesa, así conseguimos fijar la clorofila y mantener un color muy llamativo.

ELABORACIÓN

Cocina los guisantes en abundante agua hirviendo con sal durante 10 minutos. Una vez transcurrido el tiempo, cuélalos y detén la cocción sumergiéndolos en un cuenco con agua fría o agua con hielo. Asegúrate de que se enfríen bien.

Una vez que los guisantes estén fríos, tritura todos los ingredientes con una batidora de mano o en un procesador de alimentos. La mezcla debe quedar fluida pero con algo de grumos. Pon a punto de sal y cítricos.

Sirve el hummus con las verduras cortadas, las hierbas frescas picadas, las especias, un hilo de aceite de oliva y la sal en escamas.

PARA 4 PERSONAS

COCA DE ESPÁRRAGOS VERDES Y MOZZARELLA

INGREDIENTES

Para la masa

- 500 g de harina de trigo
- 200 ml de agua
- 80 ml de AOVE
- 10 g de levadura fresca
- 8 g de sal

Para el *topping*

- 1 manojo de espárragos verdes
- 10 ml de AOVE
- 4 ud. de mozzarellas de almendra (ver receta en pág. 28)
- hojas de albahaca y hierbabuena al gusto
- 2 cdas. de pesto de espinacas y pistachos (ver receta en pág. 38)
- una pizca de sal y pimienta
- sal en escamas al gusto

Esta receta pone el foco en los espárragos y, además, es ideal para compartir. Te recomiendo estirar la masa muy fina para obtener un resultado más crujiente y que tuestes los pistachos ligeramente antes de preparar el pesto.

ELABORACIÓN

Mezcla todos los ingredientes de la masa y amasa unos minutos hasta conseguir una mezcla lisa. Deja reposar y fermentar durante 1 hora. Pasado el tiempo, precalienta el horno a 200 °C. Estira la masa con la ayuda de un rodillo y extiéndela sobre una bandeja de horno forrada con papel.

Corta las puntas fibrosas de los espárragos y pártelos por la mitad en sentido vertical. Aliña con aceite y sal, y distribúyelos sobre la masa estirada. Lleva al horno y hornea unos 30-35 minutos o hasta que la masa esté dorada.

Retira del horno, deja enfriar un poco y reparte los trozos de mozzarella de almendras, riega con pesto de espinacas y pistachos, y añade las hojas frescas de albahaca y hierbabuena y la sal en escamas.

PARA 1 LITRO DE BEBIDA

AGUA INFUSIONADA /ICE TEA

INGREDIENTES

Para el agua infusionada

- 1 l de agua
- 100 g de frutas y verduras variadas
- hojas y hierbas frescas al gusto

Para el ice tea

- 1 l de agua
- 3 bolsitas de té o infusión
- 40 g de azúcar u otro edulcorante (opcional)

Cada vez buscamos con mayor frecuencia opciones de refrescos y bebidas más saludables. Sabemos que el agua es lo mejor, pero a veces nos apetece algo más interesante y con algún matiz de sabor. Me encanta preparar aguas saborizadas o tes fríos; y es que, cuando empiezas a probar, las posibilidades son infinitas. Te dejo las recetas base para ambas preparaciones con los pasos que seguir. Y también añado algunas ideas de mezclas que te van a encantar.

ELABORACIÓN

Para el agua infusionada haz pequeños cortes en las frutas o presiónalas ligeramente para facilitar el proceso de infusión. Si vas a utilizar hierbas, puedes infusionarlas con un poco de agua caliente para que sus hojas liberen todo su sabor y la bebida tenga mayor intensidad.

Deja que la mezcla se infusione en la nevera durante unas horas para que los sabores se integren bien.

Para el ice tea hierve agua en un cazo o en una jarra eléctrica. Una vez que esté caliente, agrega las bolsas de té o infusión y deja reposar de 2 a 5 minutos, dependiendo del tipo de producto que estés utilizando. Transcurrido el tiempo de infusión, retira las bolsas para evitar que la bebida se amargue.

Mientras el líquido aún esté caliente, si vas a utilizar azúcar u otro endulzante, agrégalo y remueve con una cuchara.

IDEAS DE MEZCLAS

ELABORACIÓN

Para ambas bases puedes utilizar hierbas aromáticas frescas o secas, frutas de temporada, concentrados de frutas e incluso mermeladas.

AGUAS

1. Cereza, naranja y hierbabuena
2. Pomelo, lima, limón y menta
3. Fresa, ciruela y albahaca
4. Sandía, kiwi y hierbabuena

ICE TEA

1. Té negro, mandarina y melocotón
2. Té rojo, fresas y limón
3. Té verde, sandía y albahaca
4. Menta poleo, jengibre y albaricoque

PARA 2 RACIONES

ENSALADA DE JUDIÓN Y CÍTRICOS

INGREDIENTES

- 1 naranja
- 1 pomelo
- 30 g de aceitunas kalamata
- ½ bulbo de hinojo
- ½ cebolla morada
- 250 g de judión cocido
- hojas de hinojo al gusto
- hojas de hierbabuena al gusto
- 20 g de pistacho
- el zumo de ½ limón
- 15 g de mostaza antigua
- 15 ml de vinagre de Jerez
- 10 g de sirope de agave
- 30 ml de AOVE
- una pizca de sal

El hinojo tiene su temporada óptima entre invierno y primavera, además es un producto autóctono del Mediterráneo. Lo puedes usar de distintas maneras, pero en esta receta le hacemos un pequeño macerado con cítricos que transforma su textura y sabor. Aprovecha los ingredientes de temporada para crear ensaladas y compleméntalas con legumbres para conseguir platos más completos y nutritivos.

ELABORACIÓN

Corta el hinojo en láminas muy finas con un cuchillo o una mandolina. Colócalas en un bol y añade el zumo de limón y una pizca de sal. Deja reposar 5-10 minutos. Este proceso encurte el hinojo, lo ablanda y transforma su sabor.

Retira la cáscara de la naranja y el pomelo, y corta las supremas, que consiste en cortar los gajos omitiendo las partes blancas. Agrégalas al bol con el hinojo. Añade al bol del hinojo la cebolla morada cortada en juliana fina, los judiones, las aceitunas kalamata, las hojas de hinojo y la hierbabuena.

Exprime el medio limón con las manos para obtener el máximo jugo y colócalo en un bol. Añade al zumo la mostaza, el vinagre, el sirope, el aceite de oliva y una pizca de sal. Remueve bien hasta conseguir una vinagreta.

Aliña la ensalada con la vinagreta justo antes de servir.

PARA 2 PERSONAS (8-10 FALAFELES)

FALAFEL DE GUISANTES

INGREDIENTES

Para el falafel

- 80 g de garbanzos remojados 12-24 horas
- 200 g de guisantes (frescos o congelados)
- 50 g de cebolla morada
- el zumo de ½ limón
- una pizca de sal
- aceite para freír

Para la pasta verde

- 50 g de espinacas
- 2 dientes de ajo
- 30 g de cebolla
- ½ manojo de cilantro
- ¼ manojo de perejil
- 1 puñado de hojas de hierbabuena
- 5 g de cúrcuma fresca o en polvo
- 5 g de semillas de cilantro
- 5 g de semillas de comino
- la ralladura y el zumo de 1 limón
- sal al gusto

En esta receta utilizamos productos como los guisantes y los rabanitos para hacer nuevas e irresistibles elaboraciones. Preparamos el falafel con guisantes y el tzatziki con rabanitos. Lo vamos a acompañar con una potente pasta verde para disfrutar de unos falafeles llenos de sabor.

ELABORACIÓN

Empieza preparando la pasta verde. En una sartén a fuego medio tuesta las semillas de cilantro y comino unos minutos. Tritúralas en un procesador o un mortero hasta hacer un polvo fino. Añade los demás ingredientes de la pasta, mezcla hasta obtener una pasta verde homogénea y reserva.

Tritura los garbanzos y los guisantes en el procesador hasta formar una pasta gruesa. Pásala a un bol y mézclala con la pasta verde, ajustando el punto de sal.

Para el tzatziki de rabanitos, ralla los rabanitos con una mandolina y añade una pizca de sal. Deja reposar 5-10 minutos para que suelten el agua. Escurre el líquido y mezcla con el resto de los ingredientes del tzatziki, ajusta de sal y pimienta, y refrigera antes de servir.

Para el tzatziki de rabanitos

- 100 g de rabanitos
- 1 diente de ajo picado
- 100 ml de yogur vegetal
- 1 cda. de AOVE
- el zumo de ½ limón
- hierbabuena fresca picada al gusto
- una pizca de sal y pimienta

Para servir

- pan de pita
- aceitunas variadas
- rabanitos frescos

Pica la cebolla en juliana, pásala a un bol, añade el zumo de limón, una pizca de sal y deja encurtir al menos 20 minutos en la nevera.

Calienta el aceite a 170 °C, divide la mezcla de garbanzos en 8-10 bolitas y aplánalas en forma de falafel. Fríelas en tandas hasta que estén doradas por fuera y colócalas sobre papel absorbente para eliminar el exceso de aceite.

Sirve los falafeles con tzatziki, pan de pita, aceitunas y encurtidos para acompañar.

PARA 2 PERSONAS

ZANAHORIAS ASADAS CON SMASH DE ALUBIAS BLANCAS

INGREDIENTES

Para la base

- 1 manojo de zanahorias (5-6 zanahorias)
- 350 g de alubias blancas cocidas
- 50 g de tahini
- 1 cabeza de ajo
- el zumo de 1 limón
- 1 cdta. de comino
- 30 ml de AOVE
- una pizca de sal y pimienta negra

Para el pesto de zanahoria

- 1 manojo de albahaca fresca
- 1 puñado de hojas de zanahoria
- 50 g de anacardos previamente tostados en la sartén
- 1 dientes de ajo
- el zumo de ½ limón
- 1 cdta. de miso
- 1 cdta. de levadura nutricional
- 3 cdas. de AOVE
- una pizca de sal

Si frecuentas los mercados, sabrás que puedes encontrar manojos de zanahorias que aún conservan sus hojas, lo que siempre es un buen indicador de su frescura, porque las hojas aguantan menos tiempo tersas. En este plato aprovechamos sus distintas partes, por eso las asamos con sus pieles y preparamos un pesto con sus hojas.

ELABORACIÓN

Lava bien las zanahorias, corta las ramas dejando un poco del tallo y reserva un puñado de hojas para el pesto. Aliña las zanahorias y una cabeza de ajo con aceite de oliva, salpimienta y hornea a 180 °C durante 30-40 minutos, hasta que estén doradas por fuera y tiernas por dentro. Reserva las zanahorias y retira la cáscara de los ajos.

Prepara el smash triturando en un procesador las alubias, los ajos asados, el tahini, una cucharada de aceite de oliva, el zumo de limón, el comino, la sal y la pimienta. Ajusta de sabor y reserva.

Para el pesto, machaca en un mortero o procesador todos sus ingredientes, dejando algunos trocitos para conservar la textura. Ajusta de sal y guarda en un recipiente hermético en la nevera.

Para servir

- hojas de hierbabuena
- hojas de albahaca
- sal en escamas
- chile en polvo (opcional)

En un plato ancho, extiende una base de smash de alubias, coloca las zanahorias asadas y termina con el pesto, las hojas frescas, el chile en polvo y la sal en escamas.

PARA 4 PERSONAS

ARROZ DE PRIMAVERA AL FUEGO

INGREDIENTES

- 1,5 l de caldo vegetal (ver receta en pág. 40)
- 360 g de arroz bomba
- 80 g de sofrito (ver receta en pág. 42)
- 100 g de zanahoria
- 100 g de espárragos verdes
- 80 g de judías verdes
- 40 g de nabo
- 40 g de rabanitos
- 60 g de puerros
- 3 cdas. de AOVE
- 1 rama de romero
- una pizca de sal y pimienta

El mundo vegetal gana mucho en sabor, aroma y textura cuando empleamos brasa en su cocinado. Cocinar un arroz al fuego no es la tarea más sencilla, pero nos conecta con la forma más antigua de cocinar y transformar los alimentos. Los arroces a la brasa son más que un plato, son un ritual y un encuentro junto al fuego. Cada temporada ofrece verduras nuevas para experimentar, dejando que el fuego y los aromas de la brasa hagan su magia.

ELABORACIÓN

Pica toda la verdura en cubos similares, separa las yemas de los espárragos y reserva. Calienta el caldo.

Prepara una base donde apoyar la paellera muy cerca del fuego.

Enciende el fuego, apoya sobre él la paellera y echa una cucharada de aceite de oliva. Dora ligeramente los espárragos y retira. Añade las demás verduras y empieza a dorarlas, remueve de vez en cuando; agrega más aceite de oliva si es necesario. Cuando ya hayan cogido algo de color, incorpora el sofrito, rehoga un par de minutos y añade el arroz. Deja que se tueste un poco el grano, removiendo constantemente 2-3 minutos.

Añade el caldo caliente y el romero. Pon un temporizador 2 minutos menos del tiempo de cocción del arroz que indique el fabricante. El bomba suele estar en torno a los 18 minutos, así que programa 16 minutos, pero asegúrate del tiempo estipulado. Pon a punto de sal, recuerda que se irá concentrando. Puedes ir removiendo en los primeros minutos de cocción, pero, pasados la mitad, es interesante dejar de remover para que se asiente.

Ve probando y añadiendo más líquido y sal si lo ves necesario. En los últimos minutos intensifica el calor para crear un delicioso socarrat.

Pasado el tiempo, retira el arroz del fuego y deja reposar un par de minutos antes de servir.

TIPS PARA EL FUEGO

ELABORACIÓN

Controlar el fuego es un arte desafiante que requiere práctica y atención. Cuando cocinamos un arroz al fuego necesitamos bastante calor al principio, un fuego más blando y estable en la fase media de la cocción, y si buscamos un socarrat volveremos a elevar el fuego al final. Cuando cocinamos arroces vamos a usar trozos de leña más finos, ramas y elementos que arden y queman con rapidez, así podemos subir rápidamente el calor, pero este baja más rápido, lo que nos permite controlarlo.

PARA 4 PORCIONES

PANNA COTTA DE ROMERO CON FRESAS

INGREDIENTES

Para la panna cotta

- 400 ml de nata vegetal
- 50 g de azúcar
- ½ cdta. de esencia de vainilla
- ½ cdta. (1 g) de agar-agar
- una pizca de sal

Para la confitura de fresas

- 120 g de fresas
- 20 g de azúcar
- el zumo de ½ limón

Para decorar

- ½ cda. de flores de romero o una ramita de romero

En primavera florece el romero y abundan las fresas. Esta panna cotta captura la esencia de la primavera, las flores y la fruta.

ELABORACIÓN

Añade todos los ingredientes de la panna cotta a un cazo y calienta hasta llevar a ebullición. Retira del fuego, deja reposar 5 minutos, cuela la mezcla y distribúyela en 4 cuencos o moldes pequeños. Cubre con film transparente y refrigera al menos 8 horas.

Para la confitura, retira la parte verde de las fresas y córtalas por la mitad. Coloca las fresas en un cazo con el azúcar y el zumo de limón, y cocina a fuego medio durante 10-15 minutos, hasta que se reduzca y las fresas se ablanden ligeramente. Deja enfriar y reserva.

Desmolda la panna cotta sobre un plato, añade una cucharada de confitura de fresas y decora con flores de romero.

PARA 8 PORCIONES

CHEESECAKE DE CEREZAS ALIÑADAS

INGREDIENTES

Para la base

- 150 g de almendras tostadas
- 50 g de avellanas tostadas
- 50 ml de aceite de coco
- 130 g de dátiles
- una pizca de sal

Para el relleno

- 200 g de anacardos remojados toda la noche
- 80 g de dátiles
- 250 ml de leche vegetal
- el zumo de 1 limón
- 2 cdtas. de agar-agar

Para el topping

- 150 g de cerezas
- la ralladura y el zumo de 1 limón
- hojas de hierbabuena al gusto

Las cerezas son deliciosos bombones que nos dejan los árboles. Son tan atractivas y apetitosas como fugaces. Su temporada abarca la primavera y el principio del verano y, aunque es una ventana de consumo muy corta, nos invita a disfrutarla al máximo. Esta cheesecake está pensada para acompañar a las protagonistas: las cerezas.

ELABORACIÓN

Tritura las almendras y las avellanas con una pizca de sal en un procesador de alimentos hasta conseguir una harina gruesa. Añade el aceite de coco y los dátiles, y tritura hasta obtener una masa. Cubre la base de un molde circular de 20 cm con papel en el fondo. Presiona la masa con los dedos para ir nivelando y cubriendo la base. Reserva en la nevera mientras preparas el relleno.

En una batidora, tritura todos los ingredientes del relleno hasta conseguir una mezcla homogénea y lisa. Lleva la mezcla al fuego, remueve constantemente hasta que hierva y espese. Retira del fuego y deja templar. Cubre la base de frutos secos y deja que adquiera firmeza en la nevera al menos 4 horas antes de servir.

Corta las cerezas por la mitad y retira el hueso. Vuélcalas en un bol y mezcla con la ralladura, el zumo de limón y la hierbabuena. Deja macerar unos minutos.

Retira la tarta de la nevera, cubre con las cerezas y sirve.

PARA 6-8 PORCIONES

BIZCOCHO ESPECIADO DE ZANAHORIA

INGREDIENTES

Para el bizcocho

- 320 g de harina de trigo
- 225 g de azúcar moscovado
- 8 g de impulsor
- 7 g de bicarbonato
- una pizca de sal
- 1 ½ cdas. de mix de especias (canela, jengibre, nuez moscada, cúrcuma y pimienta negra)
- 250 g de zanahoria
- 165 ml de leche vegetal
- 110 ml de aceite de coco
- 50 g de nueces picadas

Para el frosting de queso crema de anacardos

- 100 g de queso crema de anacardos (ver receta en pág. 29)
- 50 g de mantequilla vegana
- 150 g de azúcar glas
- 2 gotas de esencia de vainilla

Este bizcocho es ideal para esos momentos en los que necesitas un toque dulce, pero lleno de especias reconfortantes. La combinación de canela, jengibre y nuez moscada inunda la cocina de un aroma irresistible, mientras el frosting de queso crema de anacardos aporta un punto suave y cremoso. Es perfecto para disfrutar en cualquier ocasión, desde el desayuno hasta la merienda.

ELABORACIÓN

Precalienta el horno a 170 °C.

Mezcla en un bol la harina, el azúcar, el impulsor, el bicarbonato, las especias y la sal, y reserva. Tritura la zanahoria en un procesador, añade la leche y el aceite de coco, y sigue triturando unos segundos hasta que se integren todos los ingredientes. Agrega las nueces y pulsa un par de veces para romperlas un poco.

Pasa esta mezcla de zanahoria a un bol e incorpora poco a poco los ingredientes secos, remueve suavemente con una espátula. Vierte la mezcla en un molde rectangular forrado con papel de horno y hornea 45-55 minutos, o hasta que, al pinchar con un palillo, este salga limpio.

Mientras, prepara el frosting batiendo la mantequilla vegana en un bol hasta alisarla. Agrega el queso crema de anacardos, las gotas de vainilla y el azúcar glas, y sigue batiendo hasta que se integre. Reserva el frosting en un recipiente hermético en la nevera hasta el momento de usar.

Cuando el bizcocho esté completamente frío, extiende el frosting, espolvorea un poco más del mix de especias por encima y disfrútalo.

EL VERANO: SABOR, DIVERSIDAD Y FRESCURA

Con el solsticio de verano, el 21 de junio anuncia la llegada de esta estación. De junio a finales de septiembre, las huertas y los campos nos ofrecen una gran variedad de frutas y verduras en su punto máximo de madurez.

Estos son los meses del esplendor de los tomates, con distintas formas, colores y hasta sabores; encontramos también calabacín, berenjena, pimientos, remolacha, pepino, judías verdes, hojas frescas, frutas suculentas y refrescantes como nectarinas, melocotones, ciruelas, sandía, melón, higos, frambuesas, moras, fresas...

En esta estación, nuestro cuerpo pide aún más agua, más frescura, más ligereza, y es que suele necesitar alimentos hidratantes y ricos en electrolitos, y la naturaleza nos los entrega en abundancia y con mucha diversidad. Frutas como la sandía, el melón y los melocotones están llenas de agua y ayudan a mantener la hidratación. Los vegetales crudos, como pepinos y tomates, también aportan frescura y son ricos en minerales esenciales, mientras que las hierbas frescas como la albahaca y la menta favorecen la digestión. Estos alimentos son fáciles de digerir e ideales para platos ligeros que evitan sobrecargar el organismo.

En este apartado vamos a sumergirnos en el mundo de productos llenos de color y sabor del verano, damos protagonismo a los tomates carnosos, a la lechuga, y descubrimos otra forma de apreciar la sandía y otros alimentos. Con recetas pensadas para disfrutar del mejor momento de cada producto, verás cómo realzar los sabores vibrantes y llenos de sol que nos invitan a compartir aún más alrededor de la mesa y que hacen del verano un festín para el paladar.

VERANO
VERANO
VERANO
VERANO
VERANO

PARA 2 TOSTADAS

TOSTADAS DE VERANO

INGREDIENTES

Para el bizcocho

- 2 rebanadas de pan bueno
- 1 tomate rico
- 1 nectarina
- 80 g ricotta de tofu (ver receta en pág. 30)
- hojas de albahaca al gusto
- 1 cda. de avellanas tostadas
- 1 cda. de AOVE
- sal en escamas al gusto

Creo que los tomates y las nectarinas son mis frutas preferidas de verano. Las uso siempre que puedo, desde el desayuno a la cena. Estas tostadas son una deliciosa forma de empezar el día. La clave está en que tanto el tomate como la nectarina estén maduros y en su punto óptimo, y, por supuesto, acompañarlos de un buen pan.

ELABORACIÓN

Riega ligeramente las rebanadas de pan con aceite y tuéstalas vuelta y vuelta en una sartén. Corta el tomate en rodajas, y la nectarina, en gajos.

Reparte la ricotta de tofu sobre las tostadas y monta una con tomate y albahaca, y la otra con nectarina y avellanas tostadas. Finaliza ambas con un poquito de aceite de oliva y escamas de sal.

PARA 1 RACIÓN

CHÍA PUDIN BOWL CON HIGOS

INGREDIENTES

- 200 ml de leche vegetal
- 2 cdas. de chía
- 20 g de sirope de agave
- 2-3 higos frescos
- hojas de hierbabuena al gusto

El verano es la temporada de los higos: empiezan a llenar los árboles, los suelos y los mercados. Esta receta es una opción muy sencilla, ligera y nutritiva para comenzar el día.

ELABORACIÓN

En un recipiente hermético mezcla bien la leche vegetal, la chía y el sirope de agave. Tapa y reserva en la nevera al menos 2 horas hasta que espese.

Pasado el tiempo, corta los higos, disponlos sobre el pudin y decora con unas hojas de hierbabuena.

PARA 2-3 PERSONAS

SHAKSHUKA VEGAN

INGREDIENTES

- 1 cebolla
- 3 tomates
- 1 pimiento rojo
- 1 diente de ajo
- 2 cdas. de tomate concentrado
- 1 cda. de comino
- 1 cda. de pimentón dulce
- 1 cda. de pasta de harissa
- 50 ml de AOVE
- 80 g de ricotta de tofu (ver receta en pág. 30)
- 4 ramas de cilantro fresco
- sal y pimienta negra al gusto
- 2 rebanadas de un buen pan

Esta es una versión vegana de la típica preparación del Magreb. Es una receta que recuerda al pisto, pero mucho más especiada. Con buenos tomates y pimiento rojo es ideal para un desayuno más contundente.

ELABORACIÓN

Pica todas las verduras en cubos de aproximadamente 1 cm. Calienta una sartén con aceite de oliva a fuego medio-alto. Añade la cebolla y rehoga 3-4 minutos. Enseguida incorpora el ajo picado y, luego, el pimiento y el tomate. Deja pochar otros 5 minutos. Agrega las especias, la pasta de harissa y el tomate concentrado, y deja pochar hasta conseguir una especie de pisto húmedo pero intenso. Pon a punto de sal y pimienta.

Añade 3-4 cucharadas de ricotta de tofu, deja calentar brevemente y retira del fuego. Finaliza con un poco más de sal, pimienta, pimentón y cilantro fresco picado.

Disfrútalo con el pan recién tostado.

PARA 2 PERSONAS

TACOS VEGETALES DE BERENJENA CON SALSA DE NECTARINAS

INGREDIENTES

- 1 berenjena mediana
- 100 g de harina de garbanzo
- 100 ml de agua
- 4 hojas de cogollos o lechuga
- una pizca de sal
- aceite para freír

Para la salsa de nectarinas

- 1 nectarina
- ½ cebolla morada
- 1 tomate
- 1 chile rojo fresco
- 3 ramas de cilantro
- el zumo de 1 lima
- una pizca de sal

Esta es una de las recetas que más me gustan de este libro. Siempre he sido un fan de los tacos, pero es verdad que estos no llevan ni tortilla, así que no sé si podrán llamarse así, pero la idea y la forma de presentarlos es la misma. La berenjena crujiente por fuera y supermelosa por dentro encaja perfectamente con la base de lechuga muy fresca y con ese crocante herbáceo. Un bocado fresco, crujiente y con un toque picante. ¡Bienvenido sea el verano! La clave para esta receta es montar y servir al momento: la base de lechuga debe estar muy fresca, la berenjena, crujiente, y la salsa de nectarinas, ácida, fresca y algo picante.

ELABORACIÓN

Pela la berenjena y córtala en bastones de algo más de 1 cm de grosor. Aliña con sal y deja reposar durante 5-10 minutos. Mientras tanto, mezcla la harina de garbanzo con agua y una pizca de sal, y deja reposar también 5-10 minutos.

Para la salsa, corta en cubos pequeños la nectarina, el tomate y la cebolla. Agrega el chile fresco picado sin semillas, el cilantro, el zumo de lima y una pizca de sal. Reserva en la nevera.

Escurre el líquido que ha soltado la berenjena, sécala con papel o un paño, y sumérgela en la mezcla de harina de garbanzo. Fríe los bastones de berenjena en aceite caliente a 175 °C hasta que estén dorados y crujientes. Retira y colócalos sobre papel absorbente.

Para servir

- 40 g de crema agria de anacardos (ver receta en pág. 44)
- gajos de lima al gusto
- cilantro picado al gusto

Para montar los tacos, coloca un trozo de berenjena frita dentro de una hoja de cogollo, añade la crema agria de anacardos y la salsa de nectarinas, y sirve con gajos de lima y cilantro picado.

PARA 2-3 RACIONES

GAZPACHO DE CIRUELAS

INGREDIENTES

- 500 g de tomates maduros
- 300 g de ciruelas variadas
- 1 diente de ajo pelado
- 50 ml de AOVE
- 1 cda. de vinagre de Jerez
- una pizca de sal

Para servir

- 1 ciruela cortada en cubos
- 1 cda. de AOVE
- 2 cdas. de queso crema de anacardos (ver receta en pág. 29)
- sal en escamas al gusto
- un chorrito de aceite de oliva

Piensa en el gazpacho como un formato, un concepto. Una sopa fría, fresca, ácida, con un punto salado, emulsionada con un aceite de oliva bueno. Dentro de esa idea puedes crear combinaciones maravillosas. Utiliza frutos rojos, remolachas, ciruelas, cerezas, pepino, sandía... Puedes hacerlo amarillo, verde o rojo. En la receta que traigo utilizo tomates bien maduros y ciruelas variadas, al menos hay 4 colores distintos. Prueba, combina, sé creativo.

ELABORACIÓN

Lava bien los tomates, quítales el pedúnculo y córtalos en cuartos; retira también el hueso de las ciruelas. Tritura en una batidora los tomates, las ciruelas y el resto de los ingredientes (a excepción del aceite) durante 4-5 minutos, hasta obtener una crema lisa y uniforme. Con la batidora encendida, añade el aceite poco a poco para emulsionar la mezcla. Ajusta la sal y el punto de acidez, y refrigera en la nevera.

Para servir, vierte el gazpacho en platos hondos, coloca una cucharada de queso crema de anacardos en el centro, añade trozos de ciruela fresca y termina con un toque de aceite de oliva virgen extra y sal en escamas.

PARA 2-4 PERSONAS

PIMIENTOS ESCALIVADOS CON FETA DE TOFU Y GREMOLATA

INGREDIENTES

- 3 pimientos rojos
- 1 cda. de AOVE
- una pizca de sal

Para la gremolata veraniega

- ½ manojo de albahaca
- ¼ manojo de perejil
- 1 diente de ajo
- la ralladura y el zumo de 1 limón
- 2 cdas. de AOVE
- una pizca de sal

Para servir

- 80 g de feta de tofu (ver receta en pág. 30)
- un puñado de almendras tostadas
- sal en escamas al gusto
- 2 rebanadas de un buen pan

Cuando asamos pimientos, su dulzura se intensifica y su textura se vuelve sedosa. Este plato equilibra la profundidad del pimiento asado con la frescura de la gremolata. La combinación del feta de tofu y las almendras tostadas añade capas de textura y un toque de salinidad irresistible. Es un plato ideal para compartir y disfrutar al aire libre.

ELABORACIÓN

Aliña los pimientos con aceite y sal. Disponlos en una bandeja de horno y asa a 200 °C por 30-40 minutos o hasta que estén tostados por fuera. Pásalos a un bol, cúbrelos y deja que suden 10-15 minutos. Con cuidado, sácales la piel y las semillas, y resérvalos.

Prepara la gremolata. En un bol, ralla el ajo y el limón, añade el perejil y la albahaca picados finamente. Exprime zumo de limón, agrega el aceite de oliva y una pizca de sal, remueve bien y reserva.

Sirve los pimientos en un plato largo, sobre ellos añade el feta de tofu levemente desmenuzado, las almendras tostadas, y adereza con la gremolata y la sal en escamas. Acompaña con el pan recién tostado.

PARA 2-4 PERSONAS (6-8 ROLLITOS)

ROLLITOS FRESCOS DE CALABACÍN

INGREDIENTES

- 3 calabacín
- 60 g de ricotta de tofu (ver receta en pág. 30)
- 3-4 tomates secos
- hojas de albahaca al gusto
- 1 cda. de AOVE
- sal en escamas al gusto

Estos rollitos de calabacín son una auténtica explosión de frescura, ideales para los días en los que buscas un bocado ligero, delicado y colorido, y que puedas preparar de forma rápida. La clave es montar justo antes de servir para mantener la textura y el frescor.

ELABORACIÓN

Con una mandolina o pelador de verduras saca láminas a lo largo del calabacín. Corta los tomates en tiras finas.

Estira una lámina de calabacín sobre una superficie, añade una cucharadita de ricotta de tofu en la base, 4 tiras de tomate seco y 1 o 2 hojas de albahaca, y enrolla cuidadosamente, formando así unos rollitos muy frescos y delicados.

Termina con el resto de los ingredientes, haciendo en total 6-8 rollitos. Sirve en una bandeja o tablita, riega con un poco de aceite de oliva y escamas de sal.

Disfrútalos de inmediato: cuanto más frescos estén, mejor.

PARA 4 PERSONAS

TRES DIPS SUPREMOS

El verano invita a estar fuera, a compartir comidas y cenas con amigos. «¿Qué llevo?». «¿Qué preparo para picar?». Con estos tres dips deliciosos tendrás un comodín perfecto para cualquier ocasión.

DIP DE PIMIENTOS ASADOS

INGREDIENTES

- 1 pimiento rojo
- 60 g de tomates cherri
- 200 g de garbanzos cocidos
- 40 g de tahini
- el zumo de 1 limón
- 1 diente de ajo
- 20 ml de AOVE
- 2 cdtas. de pimentón ahumado
- una pizca de sal y pimienta

ELABORACIÓN

Precalienta el horno a 200 °C, riega el pimiento y los tomates con aceite y hornea 30-40 minutos. Retira los tomates cuando se empiecen a dorar y el pimiento cuando esté tostado por fuera. Reserva los tomates y coloca el pimiento en un bol, cubre y deja sudar 10-15 minutos. Después, pela el pimiento y tritúralo en un procesador junto con los garbanzos, el tahini, el zumo de limón, el ajo, una cucharada de aceite de oliva, pimentón, sal y pimienta.

Sirve con los tomates asados y espolvorea la otra cucharada de pimentón ahumado.

HUMMUS DE REMOLACHA

INGREDIENTES

- 150 g de remolacha cocida o asada
- 200 g de garbanzos cocidos
- 40 g de tahini
- el zumo de 1 limón
- 1 diente de ajo
- 15 ml de AOVE
- 40 g de feta de tofu (ver receta en pág. 30)
- hojas de hierbabuena al gusto
- una pizca de sal y pimienta

ELABORACIÓN

Tritura todos los ingredientes (menos el feta y la hierbabuena) en un procesador hasta conseguir un hummus cremoso. Pon a punto de sal y pimienta.

Sirve con el feta de tofu cortado en dados y las hojas de hierbabuena.

DIP DE BERENJENA Y MISO

INGREDIENTES

- 2 berenjenas medianas
- 40 g de tahini
- 20 g de miso
- el zumo de 1 limón
- 1 diente de ajo picado
- hierbabuena fresca picada al gusto
- perejil fresco picado al gusto
- 20 ml de AOVE
- 20 g de queso crema de anacardos (ver receta en pág. 29)
- 1 cdta. de sumac
- 1 cda. de anacardos tostados
- sal y pimienta al gusto

ELABORACIÓN

Precalienta el horno a 200 °C, riega las berenjenas con aceite y hornea 30-40 minutos hasta que se ablanden. Retira del horno, colócalas en un bol, cúbrelo y deja sudar 10-15 minutos. Después, pela las berenjenas y, con la ayuda de un tenedor, aplástalas hasta conseguir una pasta con tropezones. Mezcla la pasta de berenjena con el tahini, el miso, el zumo de limón, el ajo, la hierbabuena, el perejil, un chorrito de aceite de oliva, el sumac, y pon a punto de sal y pimienta.

Sirve con queso crema de anacardos y anacardos picados, y espolvorea el sumac.

PARA 4 PERSONAS

TIRADITO DE SANDÍA

INGREDIENTES

Para la leche de tigre

- 20 g de cebolleta
- 1 diente de ajo pelado
- 1 rama de apio
- 20 g de jengibre pelado
- 100 g de nata
- 100 ml de leche de soja
- 100 ml de zumo de lima
- 20 ml de AOVE
- 1 cda. de pasta de ají amarillo
- 1 cda. de pasta de ají panca
- ½ manojito de cilantro

Para la sandía asada

- ½ sandía
- 100 ml de salsa shoyu
- 500 ml de agua
- 50 ml vinagre de arroz
- 1 hoja de alga kombu troceada

Con este plato sorprendimos a mucha gente el verano pasado. La idea no es querer imitar un tiradito de atún, porque no lo es, sino inspirarnos en sabores y explorar el gran potencial que tiene el mundo vegetal. Esta receta requiere un poco más de tiempo y algunos pasos más, pero merece la pena. Además, puedes preparar las elaboraciones con antelación y reservarlas en la nevera.

ELABORACIÓN

Prepara la leche de tigre añadiendo todos los ingredientes en una batidora. Tritura 2-3 minutos hasta conseguir una mezcla fina. Pásala por un colador y deja que enfríe en la nevera.

Pela la sandía y córtala en rectángulos gordos, como si fueran lomos de atún. Pásalos a un recipiente ancho. Mezcla en un bol el shoyu, el agua, el vinagre y la kombu. Vierte la marinada sobre la sandía y deja que marine en la nevera al menos 2 horas.

Precalienta el horno a 180 °C. Pasa la sandía con la marinada a una bandeja con papel de horno y asa durante 2 horas. Cuando haya transcurrido la mitad del tiempo, dale la vuelta a la sandía. Retira del horno y deja enfriar completamente en la nevera.

Para el pico de gallo de ciruelas

- 1 ciruela
- ½ cebolla morada
- 3 ramas de cilantro
- el zumo de 1 lima
- 1 cda. de AOVE
- una pizca de sal

Para servir

- 30 ml de ajada (ver receta en pág. 38)
- hojas de cilantro al gusto
- una pizca de chile molido

Para preparar el pico de gallo, en un bol incorpora la ciruela y la cebolla picadas en brunoise (cubos muy pequeños), añade el cilantro picado fino, el zumo de lima, el aceite y la sal. Mezcla bien y reserva en la nevera.

Con todos los elementos ya fríos, podemos montar el tiradito. En un plato con bordes, cubre toda la base con la leche de tigre, corta los lomos de sandía en láminas como si fueran sashimi y distribúyelos sobre la leche de tigre. Añade cucharaditas de pico de gallo y decora con ajada, hojas de cilantro fresco y chile molido.

PARA 2 PERSONAS

ENSALADA VERANIEGA DE TOMATES Y NECTARINAS

INGREDIENTES

- 300 g de tomates variados
- 1 nectarina
- 2 mozzarellas de almendra (ver receta en pág. 28)
- 1 cda. de AOVE
- 20 ml de vinagreta de mostaza y agave (ver receta en pág. 47)
- hojas de albahaca al gusto
- sal en escamas al gusto

Este plato celebra los sabores del verano. Explora la idea de tostar, caramelizar alimentos, como la nectarina, que luego utilizarás en una ensalada. Para una buena ensalada de tomates deja que estén en su punto óptimo, sálalos con sal en escamas y deja que suden un poco. Lo demás añadirá nuevas capas de textura y sabor.

ELABORACIÓN

Corta la nectarina en gajos. Calienta una sartén con una cucharada de aceite de oliva y dora los gajos de nectarina un par de minutos por cada lado. Retira del fuego y reserva.

Corta los tomates en trozos y añádelos a un bol. Aliña con escamas de sal, la vinagreta de mostaza y unas hojas de albahaca. Agrega los gajos de nectarina y remueve un poco.

Sirve la ensalada en un plato, rompe las mozzarellas por encima y termina con una pizca de sal en escamas.

PARA 2 PERSONAS

CALABACÍN Y ROMESCO

INGREDIENTES

- 2 calabacines medianos
- 15 ml de AOVE
- una pizca de sal

Para la romesco latina

- 50 g de avellanas tostadas
- 50 g de almendras crudas
- 2 tomates pera
- 2 dientes de ajo
- 20 g de chipotles en adobo
- 25 ml de AOVE
- 1 cda. de vinagre de manzana
- una pizca de sal

Para servir

- 40 g de queso crema de anacardos (ver receta en pág. 29)
- 15 g de almendra tostada picada
- 20 ml de ajada (ver receta en pág. 38)
- sal en escamas al gusto
- unos brotes (opcional)

La salsa romesco no solo sirve para los calçots, es una salsa increíble y muy sabrosa que lleva a otro nivel casi cualquier plato de verduras. Tradicionalmente se usa pulpa de ñoras, pero aquí te animo a experimentar con otros pimientos y chiles para cruzar fronteras. Además, dorar a fuego fuerte los calabacines crea una capa caramelizada que eleva su sabor.

ELABORACIÓN

Precalienta el horno a 180 °C. Corta los tomates en cuartos y colócalos en una bandeja junto con los ajos, rocía con aceite de oliva, agrega sal y hornea durante 20-25 minutos. Tuesta los frutos secos en otra bandeja en el horno durante 5-7 minutos, retíralos y deja que enfríen.

Pela los ajos asados y tritúralos junto con el tomate en un procesador o una batidora. Añade los frutos secos y los demás ingredientes de la salsa romesco, y tritura hasta conseguir una base espesa. Pon a punto de sal y reserva.

Corta los calabacines por la mitad y a lo largo. Calienta una sartén de base gruesa, a fuego medio-alto, con un chorrito de aceite de oliva. Dora los calabacines por la parte interna 3-4 minutos hasta que tengan un bonito dorado. Dales la vuelta y dora otros 3 minutos más.

Sirve la salsa romesco en un plato, distribuye los calabacines cortados sobre ella, añade cucharadas de queso crema de anacardos, las almendras picadas, la ajada, la sal en escamas y los brotes.

PARA 4 PERSONAS

BERENJENA ASADA Y AJOBLANCO DE ANACARDOS

INGREDIENTES

Para las berenjenas y los tomates

- 4 berenjenas rayadas
- 240 g de tomates variados
- 15 ml de AOVE
- 40 ml de vinagreta de mostaza y agave (ver receta en pág. 47)
- una pizca de sal y pimienta

Para el ajoblanco de anacardos

- 100 g de anacardos tostados
- 240 ml de leche soja
- 80 ml de AOVE
- 1 ajo
- 10 ml de vinagre de manzana
- el zumo de 1 limón
- una pizca de sal

Para servir

- 20 g de anacardos tostados picados
- 120 g de ajada (ver receta en pág. 38)
- un puñado de brotes
- sal en escamas al gusto

Este es el plato favorito de mi amiga Ana y he querido incluirla en el libro, ya que me parece una combinación muy rica. Para esta receta me gusta usar las berenjenas rayadas, porque considero que son más delicadas y adquieren una textura casi cremosa. Es importante hornearlas bien, que estén muy blanditas, porque, admitámoslo, una berenjena cruda es un bajón. Tuesta los anacardos del ajoblanco para maximizar el sabor de esta receta.

ELABORACIÓN

Pela las berenjenas, alíñalas con aceite de oliva, sal y pimienta, y ásalas a 170 °C durante 45 minutos o hasta que estén tiernas.

Para el ajoblanco, tuesta ligeramente los anacardos en el horno. Luego, pásalos a una batidora, junto con el resto de los ingredientes, excepto el aceite de oliva, y tritura 2-4 minutos hasta obtener una mezcla fina. Incorpora el aceite de oliva dosificándolo poco a poco, en forma de hilo, para emulsionarlo bien, y ajusta la sal y la acidez al gusto. Guarda en la nevera en un recipiente hermético para que se enfríe.

Trocea el tomate y alíñalo con la vinagreta y una pizca de sal en escamas. Deja macerar 5 minutos.

Para servir, coloca una base de ajoblanco en platos hondos, añade encima la berenjena ligeramente aplastada y coloca el tomate aliñado. Termina con un toque de ajada alrededor, sal en escamas y unos brotes frescos.

PARA 4 PERSONAS

ENSALADA DE FRUTAS DE TEMPORADA CON MERENGUE QUEMADO

Esta receta es un homenaje a las frutas de verano en un postre. Si añades un poquito de ralladura y zumo de cítricos, ayuda a levantar y chispear un poco las frutas, que siempre aporta un toque original extra. En agosto empiezan a aparecer las primeras limas, aprovecha su jugo y piel. Remata con el merengue quemado para sorprender a cualquier invitado.

INGREDIENTES

- 1 nectarina
- 3 ciruelas de colores
- 5 higos
- 5 fresas
- 1 puñado de moras
- 1 puñado de frambuesas
- la ralladura y el zumo de 1 lima

Para el merengue

- 100 ml de aquafaba
- 100 g de azúcar
- 40 ml de agua
- 1 cucharada de vinagre o zumo de limón
- 1 g de agar-agar

Para servir

- la ralladura y el zumo de la lima
- 20 g de almendras tostadas picadas

ELABORACIÓN

Corta las nectarinas, las ciruelas y los higos en gajos. Vuélcalo a un bol junto con las moras, frambuesas y las fresas cortadas en cuartos. Ralla la lima y luego agrega su zumo al bol, mezcla bien todo y deja macerar unos minutos en la nevera.

Para el merengue, bate el aquafaba, el zumo de limón y el agar-agar en una batidora, hasta lograr el punto de nieve. En un cazo, calienta el azúcar y el agua hasta que el caramelo alcance 118 °C. Vierte el caramelo en hilo sobre el aquafaba en punto de nieve, con la batidora en marcha, y sigue batiendo unos minutos más hasta que se enfríe.

Sirve una buena porción de merengue sobre las frutas maceradas y, si tienes un soplete, quema ligeramente el merengue, después ralla algo más de lima y termina con las almendras picadas.

PARA 6-8 PORCIONES

GALETTE DE FRUTOS ROJOS

INGREDIENTES

Para la masa

- 320 g de harina blanca
- 50 g de azúcar blanco
- 235 g de mantequilla vegetal
- 1-2 cdas. de leche vegetal
- una pizca de sal

Para los frutos rojos

- 500 g de frutos rojos variados
- la ralladura de 1 limón
- 2 cdas. de azúcar

Para servir

- nata vegetal montada al gusto
- ralladura de limón al gusto

Me encantan las galettes porque es un postre casi para torpes y que queda bien en casi cualquier ocasión. Es, como suelo decir, un postre elegante poco elaborado. Usa la misma base y varía las frutas según te apetezca. Es decir, puedes replicar esta preparación en cualquier otra temporada más allá del verano. La masa crujiente y ligeramente dulce combinada con el toque ácido y vibrante del relleno de frutos rojos crea un equilibrio irresistible.

ELABORACIÓN

Para preparar la masa, combina los ingredientes secos en un bol y añade la mantequilla vegetal fría en dados. Mezcla suavemente con los dedos hasta lograr una textura arenosa, evitando amasar demasiado. Incorpora la leche vegetal y presiona la mezcla hasta formar una bola de masa. Cubre y deja enfriar en la nevera al menos 30 minutos.

Precalienta el horno a 200 °C. Saca la masa de la nevera, enharina ligeramente una superficie y extiéndela con un rodillo hasta formar un rectángulo. Coloca la masa sobre una bandeja forrada con papel de horno.

En un bol, combina los frutos rojos con la ralladura de limón y una cucharada de azúcar. Distribuye esta mezcla en el centro de la masa, dejando un borde de unos 2 cm. Pliega los bordes hacia dentro, espolvorea la otra cucharada de azúcar por encima y hornea de 25-30 minutos, hasta que la masa esté dorada y crujiente.

Retira del horno, deja enfriar y sirve con la nata vegetal montada y un toque de ralladura de limón.

PARA 2-3 PORCIONES

MOUSSE DE CHOCOLATE E HIGOS

INGREDIENTES

Para la mousse de chocolate

- 75 ml de aquafaba
- 50 g de azúcar
- 1 cda. de zumo de limón
- 1 gota de esencia de vainilla (opcional)
- 100 g de chocolate de una concentración del 70 por ciento o superior
- 100 g de nata vegetal
- cacao en polvo para decorar
- 1 puñado de avellanas para decorar

Para los higos bañados en chocolate

- 4 higos cortados en mitades
- 60 g de chocolate de una concentración del 70 por ciento o superior
- sal en escamas al gusto

La intensidad del chocolate combinada con los higos frescos y la sal en escamas aporta un contraste de sabores y texturas que hacen de este postre una explosión de sensaciones. Es elegante y perfecto para compartir en momentos especiales.

ELABORACIÓN

Bate el aquafaba bien fría en una batidora de pastelería hasta que comience a formar picos suaves. Añade un poco de zumo de limón y sigue batiendo. Incorpora el azúcar poco a poco y, si lo deseas, un toque de vainilla. Bate hasta obtener un merengue firme y brillante, y resérvalo.

Para la ganache, lleva la nata a ebullición en un cazo. Mientras tanto, trocea el chocolate y colócalo en un bol resistente al calor. Vierte la nata caliente sobre el chocolate, deja reposar 1-2 minutos y mezcla con una varilla hasta obtener una textura homogénea. Incorpora el merengue de aquafaba a la ganache en varias tandas, con movimientos suaves y envolventes usando una espátula de silicona. Sirve la mezcla en porciones, enfría en la nevera y, al momento de disfrutar, espolvorea un poco de cacao en polvo.

Derrite el chocolate al baño maría o en el microondas. Sosteniendo cada higo por la punta, sumerge la mitad en el chocolate derretido y, antes de que se enfríe, espolvorea una pizca de escamas de sal sobre el chocolate. Coloca los higos bañados en una bandeja con papel de horno y repite el proceso con todos. Luego, refrigéralos al menos una hora para que el chocolate se endurezca. Disfrútalos acompañados de la mousse.

EL OTOÑO: VOLVER A LA TIERRA

El otoño nos envuelve con su calidez y su gama de colores terrosos. Desde finales de septiembre a finales de diciembre volvemos a la tierra, a las raíces, pues nos encontramos con ingredientes de variadas cualidades como calabazas, setas y hongos, castañas, maíz, boniato, espinacas, remolacha, zanahoria, nabos (apionabo, colinabo), frutas como el kiwi, caqui, uva, manzana, pera, granada y muchos manjares más.

Las temperaturas empiezan a bajar y nuestro cuerpo pide comidas más reconfortantes, sabores más profundos, texturas cremosas... para acumular nutrientes y enfrentar el frío. Alimentos ricos y más densos, como las calabazas, las batatas y las raíces, proporcionan carbohidratos complejos y fibra, y promueven una digestión lenta que mantiene al organismo saciado. Ingredientes como los hongos, las manzanas y las nueces son ricos en antioxidantes y nutrientes esenciales para fortalecer el sistema inmunológico. Esta es la temporada de los platos que calientan el cuerpo y lo preparan, poco a poco, para el invierno.

En este capítulo vamos a saborear el cambio de estación y a aprovechar al máximo los productos que definen el paisaje otoñal. ¿Por qué no hacer unos cinnamon rolls de boniato o unas tostadas de calabaza?

OTOÑO
OTOÑO
OTOÑO
OTOÑO

PARA 2 PERSONAS

PANCAKE DE GARBANZOS, VERDES Y NO QUESO FUNDIDO

INGREDIENTES

Para el pancake de garbanzos

- 140 g de harina de garbanzo
- 40 ml de agua
- 30 ml de AOVE
- una pizca de sal

Para el relleno de espinacas y acelgas

- ½ manojo de espinacas
- 2 hojas de acelga
- ½ cebolla morada
- 2 cdas. de aceite oliva virgen extra
- una pizca de sal y pimienta negra
- 100 g de mozzarella de almendras (ver receta en pág. 28)

Esta es una preparación muy sencilla y versátil. La masa se prepara muy rápido y garantiza un buen aporte de proteínas. Puedes añadir distintas especias a la masa y rellenar con lo que más te guste. La clave es disfrutar el pancake caliente y recién hecho. Las mezclas con harina de garbanzo tienden a ponerse rígidas y algo secas cuando se enfrían.

ELABORACIÓN

Para la mezcla de los pancakes, combina en un bol la harina de garbanzo, el agua, una pizca de sal y una cucharada de aceite de oliva virgen extra. Remueve bien con una varilla y deja reposar durante al menos 10 minutos para que la harina se hidrate.

Mientras reposa, prepara el relleno. Corta la cebolla, las hojas de espinaca y las acelgas en tiras. Calienta un poco de aceite de oliva en una sartén y saltea las verduras unos minutos hasta que se ablanden ligeramente. Sazona con sal y pimienta, luego retíralas y reserva en un recipiente. Mantén la sartén al fuego para cocinar los pancakes.

Engrasa la sartén con un poco de aceite de oliva, caliéntala a fuego medio y vierte una porción de la mezcla de garbanzos. Extiende con una cuchara para formar un pancake ancho de aproximadamente 1-2 cm de espesor. Cocina aproximadamente durante 2 minutos de un lado, dale la vuelta y cocina del otro lado hasta que esté dorado. Retíralo y repite el proceso con el resto de la mezcla.

Para montar, coloca un pancake en un plato, añade la mozzarella y aplánala ligeramente con una cuchara, agrega las verduras salteadas y cubre con otro pancake. Vuelve a llevarlo a la sartén a fuego bajo, tapa y calienta durante aproximadamente 1 minuto, hasta que el queso se derrita. Sirve caliente acompañado de tu dip preferido.

PARA 1 PERSONA

SÁNDWICH DE CALABAZA ASADA, PESTO Y RÚCULA

INGREDIENTES

Para la calabaza asada

- 200 g de calabaza
- 10 ml de AOVE
- una pizca de sal

Para el pesto de espinacas

- 80 g de espinacas
- 40 g de albahaca
- 50 g de pistachos
- 1 diente de ajo
- 40 ml de AOVE
- 10 g de miso
- el zumo de ½ limón
- una pizca de sal

Para servir

- 2 rebanadas de un buen pan
- 120 g de mozzarella de almendras (ver receta en pág. 28)
- 1 puñado de hojas de rúcula

Soy un fan de la calabaza asada. Durante el asado, la calabaza pierde humedad, concentra sabores y se carameliza. Combinada con pesto siempre da un resultado ganador, y tostar los frutos secos del propio pesto lo lleva a otro nivel, es algo simple, pero que cambia totalmente el sabor del resultado final. Intenta no guardar el pesto más de dos días, cuanto más fresco esté, mejor sabrá. Un buen pan marca la diferencia en esta receta; te recomiendo una hogaza de masa madre.

ELABORACIÓN

Precalienta el horno a 180 °C. Corta la calabaza en trozos de aproximadamente un dedo de grosor y alíñala con el aceite de oliva y la sal. Hornéala durante 20-30 minutos, hasta que esté dorada por fuera y tierna al tacto. Reserva.

Aprovecha el calor del horno para tostar ligeramente las nueces; retíralas y deja que enfríen.

Para el pesto de espinacas, tritura todos los ingredientes en un mortero o procesador, deja algunos trocitos de nueces para dar textura. De igual modo, es delicioso encontrar trocitos de pistachos en el pesto.

Tuesta las rebanadas de pan por ambos lados en una sartén con un chorrito de aceite de oliva. Para montar el sándwich, unta un poco de pesto en las caras internas de cada rebanada, añade los trozos de calabaza, distribuye la mozzarella de almendras, unas hojas de rúcula y un poco más de pesto. Cierra el sándwich con la otra rebanada y disfrútalo.

PARA 6-8 SCONES

SCONE DE MAÍZ

INGREDIENTES

Para la calabaza asada

- 150 g de harina de maíz
- 150 g de harina de trigo integral
- 250 g de maíz desgranado (2 mazorcas, aproximadamente)
- 80 ml de bebida de soja
- 20 g de azúcar
- 60 g de mantequilla vegana fría en cubos
- 2 g de impulsor
- 2 g de bicarbonato
- el zumo y la ralladura de ½ limón
- una pizca de sal y canela

Para servir

- 2 cdas. de mantequilla vegetal
- la ralladura de 1 limón y 1 naranja
- 1 caqui fresco

Los scones son elaboraciones muy propias para el desayuno. Son panecillos enriquecidos, rápidos de preparar, muy resultones y que incluso tienen cabida en una merienda. En esta receta buscamos resaltar el sabor del maíz. En temporada puedes encontrar las mazorcas de maíz enteras. Te recomiendo utilizarlas para ganar mucho más sabor.

ELABORACIÓN

Tritura el maíz en una batidora junto con la bebida de soja y el zumo de limón hasta obtener una mezcla suave, resérvala. En un bol, mezcla los ingredientes secos junto con la ralladura de limón. Añade la mantequilla vegana fría en dados y mézclala ligeramente hasta obtener una especie de harina gruesa, intenta no manipular demasiado. Incorpora el puré de maíz y combina todo con una cuchara o espátula hasta formar una masa uniforme. Cúbrela y déjala reposar en la nevera durante 30 minutos.

Precalienta el horno a 180 °C. Pasado el tiempo de reposo, saca la masa de la nevera, enharina ligeramente una superficie y extiéndela con un rodillo, dando forma de rectángulo. Córtala en triángulos o círculos de tamaño uniforme, colócalos en una bandeja con papel de hornear y ásalos durante 15-20 minutos o hasta que estén dorados.

Sirve los scones acompañados de mantequilla vegetal con la ralladura de los cítricos y fruta fresca. En esta temporada, el caqui combina genial.

PARA 6 ROLLS

CINNAMON ROLL DE BONIATO

INGREDIENTES

Para la masa

- 500 g de harina de trigo de repostería
- 500 g de harina de fuerza
- 500 g de harina integral
- 650 g de boniato
- 15 g de levadura
- 40 g de azúcar moscovado
- 5 g de canela en polvo
- 2 g de nuez moscada
- 3 g de sal
- 70 ml de agua templada
- 300 ml leche vegetal
- 100 g de mantequilla vegetal
- 3-5 gotas de esencia de vainilla

Para el bañado

- 2 cdas. de sirope de agave
- 2 cdas. de leche vegetal

Para el relleno

- 150 g de azúcar moscovado
- 70 g de mantequilla vegetal
- 5 g de canela en polvo
- 3 g de jengibre en polvo

Esta es una versión vegana del cinnamon roll, con todo el sabor del boniato asado; sin duda, una preparación deliciosa. Para esta receta hago una fermentación lenta, lo que aporta más sabor, mejor textura y un roll más fácil de digerir. Se trata de una receta que requiere su tiempo, pero puedes acelerar el proceso subiendo un poco la cantidad de levadura y haciendo la primera fermentación a temperatura ambiente (de esta forma ahorras algunas horas de espera, aunque el resultado es menos apetitoso).

ELABORACIÓN

Para el puré de boniato, precalienta el horno a 180 °C, lava bien los boniatos y hornéalos en una bandeja durante 20-30 minutos o hasta que estén blandos. Retira del horno, deja enfriar un poco, lo suficiente como para que puedas abrirlos con un cuchillo y sacar la pulpa con una cuchara, hasta obtener 500 g de puré. Reserva.

En un bol grande, activa la levadura mezclándola con el agua templada y deja reposar 5 minutos. Añade a esta mezcla todos los ingredientes húmedos, incluido el puré de boniato. En otro bol combina todos los ingredientes secos, y luego incorpóralos a la mezcla húmeda. Amasa hasta obtener una masa suave y homogénea, cúbrela y déjala en la nevera 6-12 horas para la primera fermentación.

Al día siguiente, saca la masa de la nevera y enharina ligeramente una superficie. Estira la masa con un rodillo. En un bol, mezcla todos los ingredientes del relleno hasta obtener una crema uniforme y extiéndela sobre toda la superficie de la masa estirada usando una espátula.

Para el glaseado

- 150 g de queso crema de anacardos (ver receta en pág. 29)
- 150 g de nata vegetal para montar
- 30 g de azúcar glas

Corta la masa en tiras de unos 4-5 cm de ancho y enrolla cada tira para formar los rolls.

Coloca los rolls en una bandeja con papel de horno, cúbrelos con un paño y deja que fermenten alrededor de 1 hora o hasta que doblen su tamaño. Precalienta el horno a 180 °C. Antes de hornear, pinta los rolls con el bañado de agave y leche vegetal, y hornea 25-35 minutos o hasta que estén dorados.

Para el glaseado cremoso, monta la nata vegetal y mézclala con el azúcar. En un bol aparte, suaviza la crema de anacardos e incorpora la nata montada suavemente para conservar el volumen. Reserva en frío.

Deja enfriar los rolls completamente antes de agregar el glaseado. Para conservarlos, guarda los rolls y el glaseado en recipientes separados en la nevera.

PARA 4 PERSONAS

SETAS CRISPY

INGREDIENTES

Para las setas rebozadas

- 300 g de setas ostra
- 300 g de panko
- 200 g de harina de garbanzo
- 200 ml de agua
- 5 g de pimentón
- 5 g de orégano
- 5 g de tomillo
- 3 g de sal
- aceite para freír

Para servir

- veganesa de chipotle (ver receta en pág. 45) al gusto
- unas hojas de salvia
- la ralladura de ½ limón
- sal en escamas al gusto

Estas setas están en el top 3 de los platos que más han gustado en la última temporada de nuestro restaurante. Son supersencillas de preparar, pero dan un resultado que, te aviso, vicia un poco. Verás que quedan muy crujientes por fuera y jugosas por dentro. Acompañarlas con una salsa picante y cítrica ayuda a completar la experiencia.

ELABORACIÓN

En un bol, mezcla con una varilla la harina de garbanzo, las especias, la sal y el agua. Deja reposar al menos 10 minutos para que la harina se hidrate.

Extiende el panko sobre un plato ancho o una bandeja. Reboza las setas pasándolas primero por la mezcla de garbanzo y acto seguido por el panko.

Fríe las setas rebozadas en abundante aceite hasta que doren. Fríe también las hojas de salvia 10 segundos. Retira las setas y la salvia a una bandeja con papel absorbente. Para una versión más saludable puedes utilizar una freidora de aire o asarlas al horno a 180 °C durante 20-25 minutos.

Sirve las setas y la salvia, añade sal en escamas y la ralladura de limón, y acompaña con la veganesa de chipotle.

PARA 2 PERSONAS

CREMOSO DE MAÍZ

INGREDIENTES

- 5 mazorcas de maíz
- 1 cebolla
- 20 ml de AOVE
- 1 diente de ajo
- 400 ml de leche vegetal
- una pizca de sal y pimienta negra

Para servir

- 30 g de crema agria de anacardos (ver receta en pág. 44)
- 1 lima
- unas hojas de cilantro
- ½ cdta. de chile molido

Esta crema se inspira en los maíces callejeros de Latinoamérica, con estos sabores tostados, cítricos y picantes. Es una receta que preparó un día Jhoan, mi socio, mientras nos volvíamos locos probando platos para este libro. La clave es usar maíz fresco y rematar con crema agria, lima, cilantro y chile.

ELABORACIÓN

Desgrana cuatro mazorcas de maíz (reserva una) con un cuchillo y pica la cebolla y el ajo. En una olla con un poco de aceite caliente, rehoga la cebolla, el ajo y el maíz desgranado durante unos minutos, hasta que empiecen a dorarse. Cubre con la leche vegetal y cocina a fuego medio durante 15-20 minutos. Luego, tritura la mezcla hasta obtener una crema suave y ajusta de sal y pimienta.

En otra olla con agua y sal, cocina la mazorca de maíz que has reservado durante aproximadamente 15 minutos. Escúrrela y deja enfriar un poco antes de cortarla por la mitad. Enseguida corta a lo largo, incluyendo algo del tallo para que los granos queden unidos. Dora los trozos de mazorca en una sartén caliente con un poco de aceite de oliva.

Sirve el cremoso de maíz con los trozos de mazorca dorados, la crema agria de anacardos, el cilantro, el chile molido y los gajos de lima.

PARA 2-3 PERSONAS

BONIATOS ASADOS CON QUESO CREMA DE ANACARDOS

INGREDIENTES

Para los boniatos

- 2 boniatos grandes
- 15 ml de AOVE
- una pizca de sal

Para el majado de hierbas y avellanas

- 100 g de avellanas
- 5 g de tomillo
- 5 g de orégano
- 5 g de pimentón dulce ahumado
- 10 g de miso rojo
- el zumo de ½ limón
- 100 ml de AOVE
- sal al gusto

Para servir

- 150 g de queso crema de anacardos (ver receta en pág. 29)
- unos brotes u hojas variadas
- sal en escamas al gusto

El boniato es un ingrediente muy noble: sencillo, delicioso y con un gran aporte de energía y micronutrientes. Asado al horno es como más me gusta prepararlo. Busca que se caramelice y tueste un poquito, ahí encontrarás su punto más alto de sabor. El majado que acompaña esta receta es muy rico y versátil, y, para un mejor resultado, te recomiendo tostar las avellanas. Deja siempre trocitos sin machacar para que la receta tenga más textura.

ELABORACIÓN

Lava bien los boniatos con una esponja o cepillo y córtalos en cuartos a lo largo. Alíñalos con aceite de oliva y sal, y hornéalos a 180 °C durante 30 minutos en el horno precalentado o hasta que estén dorados por fuera y tiernos por dentro.

Aprovecha el calor del horno para tostar las avellanas durante 5 minutos. Déjalas enfriar antes de preparar el pesto. Tritura todos los ingredientes, excepto el aceite de oliva, en un mortero o procesador de alimentos. Añade el aceite gradualmente hasta obtener un pesto con tropezones y ajusta de sal. Reserva.

Para servir, extiende una base de queso crema de anacardos en un plato amplio, coloca encima los trozos de boniato asado, añade las cucharadas de pesto y finaliza con un toque de sal en escamas y con los brotes frescos como decoración.

PARA 4-6 PERSONAS

QUICHE DE CALABAZA ASADA

INGREDIENTES

Para la calabaza asada

- 1 calabaza hokkaido/ potimarron o dulce mediana
- 15 ml de AOVE
- 4 ramitas de romero
- una pizca de sal y pimienta

Para el relleno

- 400 g de tofu blando
- 180 ml de leche de soja
- 30 g de miso blanco
- el zumo de ½ limón
- 10 ml de AOVE
- 30 g de harina de garbanzo
- una pizca de sal

Para el salteado verde

- 1 cebolla
- ½ manojo de espinacas
- 3 hojas de acelga
- 15 ml de AOVE
- una pizca de sal y pimienta

Para servir

- AOVE
- una pizca de sal en escamas y pimienta negra

Para esta preparación me he inspirado en José Andrés, y se trata de una quiche dentro de una calabaza. Es una receta ideal para compartir, servida en el centro de la mesa en cualquier reunión de amigos y familiares. La clave es hornear bien la calabaza antes de rellenarla, como hemos visto en otras recetas, para fusionar la concentración de sabor con la caramelización.

ELABORACIÓN

Precalienta el horno a 180 °C. Corta la calabaza por la mitad de manera que obtengas dos partes similares. Alíñalas con aceite de oliva, las hojas de romero, sal y pimienta, y hornéalas durante 30-45 minutos o hasta que estén bien tiernas. Retira del horno y deja que se enfríen antes de rellenarlas.

Mientras tanto, en una batidora mezcla todos los ingredientes del relleno hasta obtener una mezcla suave y homogénea. Ajusta de sal y reserva.

En una sartén con un poco de aceite de oliva, saltea la cebolla, las acelgas y las espinacas picadas. Sazona con sal y pimienta, y distribuye este salteado dentro de las mitades de la calabaza. Cubre las calabazas con la mezcla del relleno y hornea a 180 °C durante 30-35 minutos o hasta que el relleno cuaje y la superficie se dore ligeramente.

Retira del horno, añade un chorrito de aceite de oliva, sal en escamas y pimienta, y sirve.

PARA 2 RACIONES

RAMEN DE SETAS Y ACELGAS

INGREDIENTES

Para el ramen

- 700 ml caldo dashi (ver receta en pág. 41)
- 240 g de fideos para ramen

Para el tare

- 40 g de mantequilla de cacahuete
- 50 g de tahini
- 30 g de miso rojo
- 20 g de salsa de soja
- 15 g de gochujang
- 15 ml de vinagre de arroz
- 10 g de azúcar moreno

Para los toppings

- 2 hojas de acelga
- 100 g de setas variadas
- 15 ml de AOVE
- 2 hojas de alga nori
- 2 cdas. de cebolleta verde picada
- 2 gajos de limón
- salsa picante (opcional)
- una pizca de sal y pimienta

Soy un fanático del ramen, lo confieso. Cuando vivía en Barcelona comía cada semana un par de veces en pequeños garitos donde servían esta sopa, caliente, llena de umami y muy reconfortante. Hay formas tradicionales y recetas más auténticas que esta. Aun así, esta versión es relativamente fácil de preparar y da un resultado top. Varía los toppings de tu ramen, ponte creativo. Ya sabes que en esta temporada puedes aprovechar setas silvestres y acelgas, entre otros muchos ingredientes.

ELABORACIÓN

Para preparar el tare mezcla todos los ingredientes en un bol utilizando una varilla o, si no, en una batidora. Reserva.

En una sartén con un chorrito de aceite de oliva virgen extra, saltea las setas y la acelga. Pon a punto de sal y pimienta.

Calienta el dashi. Reparte 90 g de tare en cada bol, vierte 350 ml de caldo muy caliente y remueve.

Una vez que tengas la base preparada, agrega los fideos de ramen, previamente cocidos, siguiendo las recomendaciones del fabricante. Añade el salteado de setas y acelgas, los gajos de limón, la cebolleta y, por último, las hojas de nori. Acompaña con salsa picante, si te gusta.

PARA 2 RACIONES

ALBÓNDIGAS CON SALSA DE CALABAZA Y CURRI

INGREDIENTES

Para la salsa de calabaza y curri

- 200 g de calabaza
- 1 cebolla
- 1 diente de ajo
- 15 ml de AOVE
- 300 ml de leche de coco
- 25 g de pasta de curri amarillo (ver receta en pág. 36)
- sal y pimienta

Para las albóndigas

- 100 g de soja texturizada
- 250 ml de caldo vegetal
- 30 ml de shoyu
- 15 ml de AOVE
- 80 g de nueces
- 150 g de setas
- 50 g de harina de garbanzo
- 1 cebolla
- 1 diente de ajo
- ½ cdta. de pimentón ahumado
- ½ cdta. de tomillo
- ½ cdta. de orégano
- ½ cdta. de pimienta negra
- una pizca de sal

Estas albóndigas forman parte del grupo de recetas que, cuando alguien las prueba, te dicen: «¡Wow, pero parece carne!» o «¡Parecen albóndigas de verdad!». Más allá de que lo parezcan o no, es una receta llena de sabor, un punto umami y que, acompañada con la salsa de calabaza y curri, se convierte en un plato muy original y divertido. Antes de ponernos manos a la obra, te doy algunas claves para obtener mejores resultados: hidrata la soja texturizada con líquidos sabrosos, caldo, shoyu o tamari, por ejemplo, y escoge una buena pasta de curri para llevar tu salsa a otro nivel.

ELABORACIÓN

Empieza hidratando la soja con el shoyu y el caldo vegetal al menos 20 minutos.

En un procesador, pica las nueces hasta tener una harina gruesa y reserva.

Añade las setas, procesa levemente y reserva.

Pica la cebolla y el ajo finos. Sofríe a fuego medio en una sartén con un buen chorro de aceite de oliva hasta dorar. Añade las setas picadas y dora unos minutos. Escurre la soja texturizada, agrega a la sartén y rehoga. Incorpora las especias, pon a punto de sal, retira del fuego y pasa todo a un bol.

Incorpora las nueces picadas y la harina de garbanzo y deja reposar 5-10 minutos. Calienta una sartén con aceite de oliva, forma las albóndigas y dóralas. Reserva.

Para servir

- 5 ml de AOVE
- 1 puñado de cilantro fresco
- una pizca de pimentón ahumado
- 200 g arroz basmati cocido

Prepara la salsa de calabaza y curri. Calienta una olla con el aceite de oliva y rehoga la cebolla, el ajo picado y la calabaza cortada en cubos. Cuando empiecen a dorar añade la pasta de curri, rehoga 1 minuto más y cubre con la leche de coco. Deja que cocine durante 20 minutos o hasta que la calabaza esté blandita. Con una túrmix o batidora tritura hasta conseguir una crema ligera lisa y pon a punto de sal y pimienta.

Calienta la salsa de curri en una sartén ancha e incorpora las albóndigas. Decora con cilantro fresco picado, un chorrito de aceite de oliva y una pizca de pimentón ahumado. Por último, sirve acompañando el plato del arroz o cereal de tu preferencia.

PARA 2 RACIONES

BOWL DE OTOÑO

INGREDIENTES

- 100 g de quinoa
- 2 boniatos medianos
- 2 remolachas
- 2 cebollas
- 200 g de tofu firme
- 80 g de rúcula
- 20 ml de AOVE
- ½ cdta. de pimentón
- ½ cdta. de orégano
- ½ cdta. de tomillo
- ½ cdta. de pimienta negra
- una pizca de sal
- sal en escamas al gusto

Los bowls se pusieron de moda hace ya bastantes años y es verdad que por todos los lados puedes encontrar restaurantes y espacios que ofrecen las más variadas combinaciones. Más allá de la moda, es un formato muy interesante. Nos sirve de guía para conseguir un plato nutricionalmente bastante completo: una base de cereal, una proteína, verduras variadas, semillas, frutos secos y grasas saludables. La idea de este bowl es que sea muy fácil de preparar, que se haga casi solo, con un resultado contundente y nutritivo, además de sabroso. Una base, elementos asados en el horno y listo.

ELABORACIÓN

Lava bien las verduras, pásalas a una bandeja de horno, aliña con aceite de oliva y sal, precalienta el horno a 180 °C y ásalas durante 35-40 minutos o hasta que estén tiernas.

Corta el tofu en cubos y aliña con el aceite de oliva, las especias y una pizca de sal. Pásalo a una bandeja de horno y asa a 180 °C durante 20 minutos o hasta que se dore.

Pasa la quinoa a un colador y lávala bajo el grifo, frotando con las manos. Escurre y reserva. Pon a hervir el doble de su volumen de agua con una pizca de sal. Cuando veas que el agua arranca a hervir, añade la quinoa y cocina durante 10-12 minutos.

Monta tu bowl de otoño con una base de quinoa, verduras y tofu asados, hojas de rúcula, un chorrito de aceite de oliva y sal en escamas.

PARA 2 PERSONAS

SEITÁN GLASEADO

INGREDIENTES

Para el seitán glaseado

- 350 g de seitán
- 1 granada (unos 250 g desgranada)
- 200 ml de agua
- 50 ml de shoyu
- 1 cda. de sriracha
- 1 cda. de azúcar moscovado
- 50 ml de vino blanco (opcional)
- 2 ramas de romero
- 3 dientes de ajo
- 15 g de almidón de maíz
- una pizca de sal y pimienta

Para el puré de patatas y cebolla

- 200 g de patatas
- 1 cebolla blanca
- 2 dientes de ajo
- 20 ml de AOVE
- 60 ml de leche vegetal
- una pizca de sal y pimienta

Este es un plato que puedes preparar para una cena especial. Como consejo para triunfar, deja reducir la salsa para que concentre los sabores y nape el seitán. Y acompaña la receta con verduras de temporada.

ELABORACIÓN

Corta el seitán en 4 filetes y colócalos en un recipiente ancho.

Para la marinada de granada, desgrana la fruta y tritúrala en una batidora junto con el agua, el shoyu, el azúcar, la sriracha, el vino blanco y una pizca de sal y pimienta. Cuela la mezcla, añade las ramas de romero y los dientes de ajo, y vierte esta marinada sobre los filetes de seitán. Cubre y deja marinar al menos 2 horas. Pasado ese tiempo, disuelve el almidón en un poco de la marinada, vierte todo en una sartén de bordes altos y cocina a fuego medio hasta que la salsa espese y nape los filetes. Ajusta la sal y la pimienta, y reserva.

Para el puré, trocea las patatas y cuécelas en agua con sal durante unos 10-15 minutos, hasta que estén tiernas, pero sin deshacerse. Escurre y reserva un poco del agua de la cocción. Precalienta el horno a 180°C. Pasa las patatas a una bandeja junto con los ajos y la cebolla en cubos, aliña con aceite de oliva y hornea unos 20 minutos, hasta que estén doradas. Retira del horno y tritura todos los ingredientes en una batidora o un procesador, añadiendo un poco del agua de la cocción y, si lo prefieres, puedes incorporar un chorrito de leche vegetal para aportar más cremosidad. Ajusta la sal y la pimienta, y reserva.

Para las verduras

- 1 remolacha
- 1 manojo de zanahorias
- 80 g de tirabeques
- 15 ml de AOVE
- una pizca de sal y pimienta

Para servir

- 20 g de almendra tostada picada
- sal en escamas al gusto

Para las verduras, lava bien la remolacha, córtala a la mitad y luego en gajos de aproximadamente 1 cm. Colócala en una bandeja junto con las zanahorias, aliña con aceite de oliva, sal y pimienta, y hornea a 180 °C durante unos 20 minutos. A mitad de la cocción, añade los tirabeques, también aliñados, y termina de asar hasta que todo esté dorado.

Sirve el plato con una base de puré, las verduras asadas, el seitán glaseado y finaliza con sal en escamas y las almendras picadas.

PARA 6 TARTITAS

MINITARTITAS DE PERAS AL VINO

INGREDIENTES

Para las peras al vino

- 2 peras
- 500 ml de vino tinto
- 30 g de azúcar
- 1 rama de canela
- la piel de ½ naranja y ½ limón
- 3 clavos

Para la crema pastelera

- 250 ml de leche de soja u otra leche vegetal
- 20 g de azúcar
- 25 g de almidón de maíz
- 1 cda. de pasta de vainilla
- 30 g de mantequilla vegana
- una pizca de sal
- la ralladura de ½ limón (opcional)

Para el montaje

- 1 lámina de hojaldre vegano
- 2 cdas. de sirope de agave
- 2 cdas. de leche vegetal
- la ralladura de cítricos al gusto

Te voy a confesar que tengo sentimientos encontrados con las peras al vino, me gusta el punto reconfortante y especiado que tienen, pero su textura me resulta aburrida. Es el postre que nunca eliges en un restaurante. Pues bien, dándole unas vueltas he llegado a esta combinación, que cambia completamente el estilo de este postre clásico y le da un twist. El hojaldre lo convierte en algo más desenfadado, deja de ser el postre individual de una cena o una comida para convertirse en algo para compartir, además de proporcionarle esta nueva textura crujiente.

ELABORACIÓN

Pela las peras con cuidado para mantener su forma. Colócalas en un cazo, agrega los demás ingredientes y cocínalas a fuego medio 20 minutos, hasta que se ablanden y el vino haya reducido. Retira del fuego y deja que las peras se enfríen en el jugo de la cocción. Es recomendable dejarlas reposar toda la noche en la nevera.

Para la crema pastelera, disuelve el almidón en un poco de leche de soja y añádela a un cazo junto con los demás ingredientes. Cocina a fuego bajo, removiendo constantemente con una varilla, hasta que espese. Si deseas un toque cítrico, puedes agregar ralladura de limón, que le aporta una frescura interesante. Retira la crema del fuego, pasa a un recipiente, cúbrela con film pegado a la superficie para evitar que forme costra y deja enfriar por completo antes de usarla.

Precalienta el horno a 170 °C. Corta las peras a la mitad, retira las semillas y lamínalas finamente. Extiende el papel de horno sobre una bandeja y divide el hojaldre en 6 rectángulos. Distribuye una cucharada de crema pastelera en el centro de los rectángulos y deja un borde de un dedo. Estira las láminas de pera sobre la crema, presiona un poco, pero deja los bordes libres.

Mezcla el sirope de agave y la leche vegetal, y pinta el hojaldre. Hornea durante 15-20 minutos o hasta que el hojaldre esté dorado y ligeramente caramelizado. Al sacarlo del horno, da un último toque de brillo con más jarabe y un poco de ralladura de cítricos frescos. ¡Listo!

PARA 4 PORCIONES

CREMA CATALANA DE MANZANA Y MISO

INGREDIENTES

- 1 manzana roja
- 40 g de azúcar + 1 cda. de azúcar
- 4 cdtas. de azúcar (para quemar)
- la piel y zumo de 1 limón
- 1 cda. de miso
- 500 ml de leche de soja
- 1 ramita de canela
- 30 g de almidón de maíz
- una pizca de cúrcuma (opcional)

Esta es una crema catalana alternativa, en la que integramos el sabor de la manzana caramelizada y el toque de miso que ayuda a realzar los sabores y que transforma por completo el resultado.

ELABORACIÓN

Pela y corta la manzana en cubos y cocínala a fuego medio con una cucharada de azúcar y un poco de zumo de limón durante unos 10 minutos, hasta que se caramelice ligeramente. Retira del fuego, añade el miso y tritura hasta obtener una crema suave. Reserva.

Calienta 400 ml de leche de soja con el azúcar, la rama de canela y la piel de limón, deja que infusione. Disuelve el almidón en los 100 ml restantes de leche fría y, después de retirar la canela y la piel de limón, agrégalo a la leche infusionada junto con la crema de manzana y el miso. Cocina a fuego bajo, removiendo hasta que espese. Sirve en cuencos, cúbrelos con film y enfría en la nevera al menos 2 horas.

Al servir, espolvorea azúcar sobre la superficie y carameliza con un soplete para crear una capa crujiente.

PARA 8 COOKIES

COOKIES DE CAQUI

INGREDIENTES

- 2 caquis medianos (unos 200 g en total)
- 140 g de harina de repostería
- 2,5 g de impulsor
- 1,5 g de bicarbonato
- 60 g de mantequilla vegetal
- 100 g de azúcar moscovado
- 50 g de azúcar blanco
- 30 g de pistacho
- una pizca de sal

A finales de verano, principio de otoño, llegan los caquis, llenando los árboles de puntitos amarillos y rojizos. Es una fruta de temporada corta que suele abarrotar los mercados y que tiene una temporalidad muy acotada, la verdad. La clave de esta fruta está siempre en el punto de maduración. Un caqui verde va a estar duro y será astringente, mientras que, si lo consumimos en su punto óptimo, será dulce y cremoso. Los caquis maduros son ideales para repostería, así que te recomiendo que prepares un puré que podrás usar durante muchos meses.

ELABORACIÓN

Pela los caquis y tritúralos en un procesador hasta obtener un puré suave. Mézclalo en un bol con los azúcares y la mantequilla vegetal. En otro bol, mezcla la harina, el bicarbonato, el impulsor y una pizca de sal, e intégralos a la mezcla de caqui, sin amasar demasiado. Cubre la mezcla y deja enfriar en la nevera al menos 30 minutos.

Precalienta el horno a 180 °C. Retira la mezcla de la nevera, divide en 8 bolas y extiéndelas sobre una bandeja con papel de horno. Presiona ligeramente las bolas y hornea durante 20 minutos.

Cuando las galletas salgan del horno, déjalas enfriar en un lugar seco y fresco.

INVIERNO: CALIDEZ RECONFORTANTE EN CADA PLATO

A finales de diciembre llega el invierno y con él la temporada de cocina cálida y reconfortante. Dadas las temperaturas, el cuerpo necesita calor y alimentos que ofrezcan energía sostenida para combatir el frío.

Los reyes de la temporada son ingredientes más robustos y consistentes, como coliflor, brócoli, romanesco, col rizada, nabos, apionabo, alcachofas, zanahorias, endibias y frutas como naranjas, mandarinas, limones, manzana, pera o granada.

Son los meses por excelencia de las sopas, los guisos y multitud de platos que invitan a compartir alrededor de la mesa, del horno de la cocina o delante de un buen fuego. ¡Nuestro cuerpo y nuestra alma piden calor!

Las verduras de raíz, como zanahorias, nabos y papas, proporcionan los carbohidratos y las calorías necesarias para el metabolismo y el mantenimiento de la temperatura ideal del cuerpo. Los cítricos, también típicos de esta estación, aportan vitamina C, esencial para el sistema inmunológico. Los guisos, las sopas y los asados son platos que, como habrás podido comprobar, calientan y nutren profundamente, y especias como el jengibre y la canela ayudan a mejorar la circulación y la sensación de bienestar.

En este capítulo vas a ver cómo un apionabo puede convertirse en una deliciosa burger, cómo los horneados y su propiedad dan más sabor a raíces, al brócoli o al romanesco, y cómo los dulces ganan otro lugar en este acto de compartir. Con belleza y simplicidad, los ingredientes de la temporada invernal se transforman en platos que calientan el corazón.

INVIERNO
INVIERNO
INVIERNO
INVIERNO
INVIERNO

PARA 2 PERSONAS

PORRIDGE DE QUINOA Y MANZANA

INGREDIENTES

Para el porridge de quinoa

- 100 g de quinoa previamente lavada
- 350 ml de leche vegetal
- 1 cdta. de canela
- 1 cda. de sirope de arce (opcional)
- una pizca de sal

Para la compota rápida de manzana

- 1 manzana
- 1 cda. de azúcar moreno integral
- 50 ml de agua
- el zumo de 1 limón

Para servir

- 1 plátano
- 1 manzana
- 1 cda. de azúcar
- 1 cda. de chía
- 1 cda. de nueces
- ralladura de limón y naranja

El porridge, también llamado gachas, es una preparación ideal para un desayuno más contundente y energético. La avena suele ser el ingrediente principal, aunque puedes utilizar distintos cereales y conseguir resultados muy nutritivos e interesantes. En esta receta, uso quinoa, un pseudocereal cargado de micronutrientes, con un perfil de aminoácidos más equilibrado comparado con los cereales más comunes.

ELABORACIÓN

En un cazo mezcla los ingredientes del porridge y cocina a fuego bajo una media de 15 minutos, hasta que la quinoa quede bien cocinada y espese.

Pela la manzana, descorazona y corta en cubos. Lleva al fuego medio el azúcar, el agua y el zumo de limón. Cocina durante 20 minutos, hasta tener una compota firme con algo de almíbar.

Calienta una sartén a fuego medio y añade una cucharada de azúcar. Corta gajos de manzana y de plátano, y colócalos sobre el azúcar para que formen una costra caramelizada. Retira del fuego y reserva.

Sirve el porridge caliente con la compota, las frutas caramelizadas, la chía, las nueces y la ralladura de cítricos.

PARA 2 PERSONAS (2 PANCAKES)

OKONOMIYAKI

INGREDIENTES

- 80 g de setas
- 150 g de tofu firme
- 150 ml de caldo dashi (ver receta en pág. 41)
- 40 g de harina de trigo
- 30 g de harina de garbanzo
- 1 cdta. de polvo de hornear
- 200 g de col rallada
- 50 g de cebolla
- 2 cdas. de AOVE
- sal al gusto

Para servir

- 40 ml de veganesa (ver receta en pág. 45)
- 40 ml de salsa okonomiyaki vegana
- 1 cebolleta picada
- semillas de sésamo al gusto

Los pancakes asiáticos suelen tener un punto umami, lo que los hace muy atractivos al paladar. En otoño-invierno aparecen las coles y los repollos, que son ideales para preparar esta receta.

ELABORACIÓN

Calienta una sartén antiadherente con una cucharada de aceite y saltea las setas, previamente cortadas en tiras. Pon a punto de sal y reservarlas.

Desmenuza el tofu y tritúralo junto con el caldo en una batidora o túrmix. Pasa la mezcla a un bol, incorpora las harinas y el polvo de hornear, y remueve hasta conseguir una mezcla espesa. Agrega a la mezcla las setas, la col rallada y la cebolla cortada en juliana (tiras). Pon a punto de sal.

Vuelve con la sartén al fuego con una cucharada de aceite de oliva y agrega la mitad de la mezcla, aplana un poco y deja dorar 3-4 minutos. Da la vuelta y termina el otro lado. Repite el proceso con el resto de la masa.

Sirve con veganesa, salsa okonomiyaki, cebolleta picada y semillas de sésamo.

PARA 2-3 PERSONAS (6 TORTITAS)

TORTITAS DE AVENA Y SEMILLAS CON SMASH DE CALABAZA

INGREDIENTES

Para las tortitas de avena y semillas

- 180 g de copos de avena
- 35 g de semillas variadas (calabaza, amapola, chía)
- 150 ml de agua
- ½ cdta. de cúrcuma
- ½ cdta. de orégano
- un chorrito de AOVE
- una pizca de sal y pimienta

Para el smash de calabaza

- 200 g de calabaza asada o cocida
- 30 g de tahini
- 10 ml de AOVE
- la ralladura y el zumo de ½ limón
- una pizca de sal y pimienta negra

Para servir

- 30 g de granada
- un puñado de perejil picado
- ½ cdta. de pimentón ahumado
- sal en escamas al gusto

Júlia, mi compañera, es especialista en tortitas. Cada mañana prepara distintas versiones que usa como base para los más variados toppings. En invierno seguimos teniendo deliciosas calabazas, así que esta receta combina una tortita muy nutritiva de avena y semillas con un dip de calabaza muy cremoso. Disfruta las tortitas calientes y, como recomendación para un punto más fresco e interesante, termínalas con granada.

ELABORACIÓN

En un bol, mezcla todos los ingredientes para las tortitas y deja reposar la mezcla durante 5 minutos. Calienta una sartén con un chorrito de aceite de oliva y, con ayuda de una cuchara, añade porciones de la mezcla, presionando ligeramente para darles forma circular. Repite el proceso hasta formar 6 tortitas. Cocina durante unos minutos por un lado hasta que empiecen a dorarse, luego dales la vuelta y dora el otro lado.

Para el smash de calabaza, coloca la calabaza previamente asada en un bol y aplástala con un tenedor hasta obtener una textura grumosa. Añade el resto de los ingredientes y mezcla bien. Salpimienta al gusto.

Sirve las tortitas calientes junto con el puré de calabaza, y finaliza con granos de granada, perejil picado, sal en escamas y un toque de pimentón ahumado.

PARA 2-3 PERSONAS

BONIATOS ASADOS CON CREMA AGRIA Y CRIOLLA

INGREDIENTES

- 3 boniatos medianos
- 60 g de crema agria de anacardos (ver receta en pág. 44)
- 1 cebolla morada
- 1 lima
- 1 ají amarillo o similar
- ¼ manojo de cilantro
- AOVE al gusto
- sal al gusto

Reconozco que el boniato ocupa un lugar especial en mi cocina. Es una verdura que predomina en otoño e invierno y que trae densidad y energía a nuestros platos. En esta receta buscamos un punto ácido, cítrico y fresco, que contrasta muy bien con la cremosidad y la dulzura del boniato asado.

ELABORACIÓN

Precalienta el horno a 180 °C. Lava bien los boniatos con una esponja o cepillo. Aliña con aceite de oliva y sal, y asa 30-40 minutos, hasta que estén bien blanditos.

Pica la cebolla morada y corta el ají en juliana (tiras finas), añade ambas cosas a un bol. Agrega el zumo de la lima, una pizca de sal y el cilantro picado. Deja marinar unos minutos, y ¡ya tienes una salsa criolla, fresca, cítrica y picante!

Con los boniatos templados, haz un corte a lo largo, presiona las puntas para abrir un poco el corte. Añade la crema agria, la salsa criolla, algunas hojas de cilantro y los gajos de lima.

PARA 6 BURGERS

BURGER DE APIONABO

INGREDIENTES

Para los panes (6 panes)

- 500 g de harina de trigo
- 8 g de levadura fresca
- 300 ml de leche vegetal
- 30 ml de aquafaba + 15 ml para pincelar
- 25 g de azúcar blanco
- 20 ml de AOVE
- 2 cdas. de mantequilla vegetal para pincelar
- una pizca de sal

Para el apionabo empanado

- 1 apionabo mediano
- 200 g de harina de garbanzo
- 200 ml de agua
- 5 g de pimentón
- 5 g de orégano
- 5 g de tomillo
- 300 g de panko
- una pizca de sal y pimienta
- aceite para freír

El otro día leí un artículo que decía que «la verdura más fea está de moda». Cierto es que el apionabo parece una criatura de otro planeta y ha sido un gran desconocido durante años. En esta maravillosa búsqueda por explorar el mundo vegetal, ha resurgido, y ahora se puede disfrutar de variadas formas en muchas cocinas, regalando momentos sorprendentes y deliciosos. Una primera versión de esta receta me la compartió mi gran amigo Omar, y juntos la adaptamos para llegar a la que tienes a continuación.

ELABORACIÓN

Comienza preparando los panes. En un bol mezcla la harina, la sal y la levadura fresca. Agrega la leche vegetal, los 30 g de aquafaba, el azúcar blanco y el aceite de oliva, y remueve bien. Tapa el bol con un paño y deja reposar durante 15 minutos. Luego, pasa la masa a la encimera y amasa durante 5-7 minutos. Forma una bola, colócala en un bol untado con aceite, cubre con un paño y deja fermentar durante 1 hora.

Divide la masa en 6 porciones de unos 120 g cada una. Forma bolitas, plegando las puntas hacia el centro y aplicando tensión. Coloca las bolitas en una bandeja con papel de horno, dejando espacio entre ellas. Cubre con un paño y deja fermentar durante 45 minutos. Precalienta el horno a 180°C. Pincela con el aquafaba restante y hornea durante unos 15 minutos. Una vez fuera del horno, pincela los panes con mantequilla vegetal derretida para darles un brillo bonito. Deja enfriar y reserva.

Para el apionabo, retira la piel, perfila los lados y corta en rodajas de al menos 1 cm de espesor para que

Para la ensalada

- 80 g de col lombarda
- 80 g de repollo
- 1 cebolla blanca
- 2 zanahorias
- 40 g de veganesa + 60 g para servir (ver receta en pág. 45)
- el zumo de 1 limón
- una pizca de sal y pimienta

queden jugosas tras la cocción. Aliña con sal y pimienta, y reserva. En un bol, mezcla la harina de garbanzo, el agua, las especias y la sal, y deja reposar 5 minutos. Extiende el panko sobre una bandeja y pasa los trozos de apionabo primero por la mezcla de harina de garbanzo y luego por el panko. Fríe en abundante aceite a 175 °C hasta que estén dorados y crujientes. Colócalos sobre papel absorbente para eliminar el exceso de aceite y deja reposar unos 5 minutos.

Para la ensalada, corta las coles, la cebolla y la zanahoria en tiras finas. Mezcla en un bol con el zumo de limón, la veganesa y una pizca de sal y la pimienta. Deja reposar en la nevera hasta que vayas a servirlo.

Para montar las burgers, corta los panes por la mitad y tuéstalos ligeramente en una sartén. Añade una cucharada de veganesa en la base, coloca el apionabo rebozado, la ensalada de col y una cucharada más de veganesa. ¡A disfrutar!

PARA 2-4 PERSONAS

BRÓCOLI CRUNCHY CON SALSA GOMA Y ENCURTIDOS

INGREDIENTES

Para el brócoli crujiente

- 1 brócoli grande
- 15 ml de AOVE
- una pizca de sal

Para la salsa goma

- 2 cdas. de mirin
- 2 cdas. de semillas de sésamo tostadas y molidas
- 2 cdas. de tahini
- 1 cda. de salsa de soja
- 1 cdta. de miso
- 2 cdas. de aceite de sésamo tostado

Para servir

- 50 g de cebolla morada
- el zumo de ½ limón
- 30 g de cacahuetes tostados
- 20 g de cebolleta picada
- una pizca de sal
- 1 hoja de alga nori picada

El brócoli prefiere temporadas más templadas y frías, por eso es predominante durante el otoño y el invierno. Se trata de una verdura altamente nutritiva y muy versátil. Cuando se dora y tuesta un poco, gana nuevas capas de sabor. Te recomiendo aplicar métodos de cocción con calor seco para facilitar la caramelización. La salsa goma mezcla elementos ganadores, acidez, umami y semillas tostadas. Úsala para dar más sabor a casi cualquier plato de verduras.

ELABORACIÓN

Precalienta el horno a 180 °C. Corta los floretes del brócoli. Pela ligeramente el tallo restante y córtalo en cuartos. Aliña todo con aceite de oliva y sal, y hornea durante 20-30 minutos, hasta que el brócoli esté dorado y crujiente.

Mientras tanto, prepara la salsa goma. Mezcla todos sus ingredientes en un mortero o procesador hasta obtener una textura homogénea. Reserva.

Pica la cebolla morada en juliana, pásala a un bol, añade el zumo de limón, una pizca de sal y deja encurtir al menos 20 minutos en la nevera.

Sirve el brócoli asado con la salsa goma y completa el plato con la cebolla encurtida, la cebolleta finamente cortada, cacahuetes tostados y la hoja de alga nori picada.

PARA 3-4 PERSONAS

CUSCÚS DE COLIFLOR

INGREDIENTES

- 1 coliflor mediana
- 80 g de granada
- 1 cebolla picada
- 1 diente de ajo picado
- 40 g de nueces
- 6 dátiles
- ¼ manojo de perejil
- hojas de hierbabuena al gusto
- la ralladura y el zumo de 1 limón
- 20 ml de AOVE
- 1 cdta. de ras el hanout
- una pizca de sal y pimienta

Repensar cómo utilizamos los ingredientes nos ayuda a llegar a resultados nuevos. El cuscús de coliflor no es una receta nueva, pero nos inspira a experimentar y salir de lo común en nuestro día a día en la cocina. La clave está en saltear ligeramente la coliflor para que quede crujiente y vibrante.

ELABORACIÓN

Ralla la coliflor con la ayuda de un rallador grueso, con lo que consigues unos trocitos pequeños que se asemejan al cuscús. Calienta una sartén y tuesta ligeramente las nueces, retíralas del fuego y resérvarlas. Vuelve con la sartén al fuego, añade parte del aceite de oliva y rehoga ligeramente la cebolla y el ajo. Añade la coliflor rallada y saltea ligeramente. Ahora incorpora el ras el hanout, deja que se caliente ligeramente y retira la mezcla del fuego.

Pasa la mezcla a un bol o plato de servir. Agrega las nueces, los dátiles picados, el perejil y la hierbabuena picados, la granada, la ralladura y el zumo de limón y el resto del aceite de oliva. Por último, salpimienta, y listo.

PARA 2-3 PERSONAS

PUERROS ASADOS, OLIVADA Y PICATOSTES

INGREDIENTES

Para los puerros

- 5-6 puerros grandes
- 2 cdas. de granada
- 50 ml de AOVE
- una pizca de sal
- hojas de perejil al gusto

Para la olivada

- 80 g de aceitunas kalamata o negras
- 15 ml de AOVE
- ½ diente de ajo (opcional)

Para los picatostes especiados

- 100 g de un buen pan que no sea del día (lo ideal es que sea de hace dos)
- 1 diente de ajo picado
- 1 cdta. de romero picado
- 1 cdta. de salvia picada
- 1 cdta. de pimentón ahumado
- una pizca de sal negra en escamas

El puerro es un gran producto de sabor muy delicado y gran versatilidad en la cocina. Se encuentran desde finales de verano hasta principios de primavera. Con ellos puedes elaborar cremas, sofritos y caldos, o disfrutarlos asados a la parrilla como se suelen preparar los calçots, típicos de Cataluña. Para esta receta la clave es asarlos a temperatura baja para que se vayan confitando, haciéndose tiernos y melosos por dentro y caramelizándose por fuera. La olivada le levantará el punto salado y los picatostes aportarán una textura crujiente.

ELABORACIÓN

Precalienta el horno a 180 °C. Sigue lavando bien los puerros, corta las puntas y elimina las primeras capas (puedes aprovechar estas partes para preparar un caldo). Corta los puerros a lo largo por la mitad, colócalos en una bandeja, añade el aceite de oliva y una pizca de sal. Hornéalos durante unos 45-60 minutos, hasta que estén blandos en el corazón y ligeramente caramelizados en la parte superior. Una vez listos, retíralos del horno y guarda el aceite para preparar los picatostes.

Para preparar la olivada, tritura todos sus ingredientes en una batidora o túrmix hasta obtener una pasta densa. Reserva.

Corta el pan en trozos irregulares y colócalos en un bol. Mezcla 15-20 ml del aceite de los puerros con los demás ingredientes, con lo que creas una especie de aliño. Añade los trozos de pan al aliño y mezcla bien. Tuesta el resto de los trozos de pan en una sartén a fuego bajo o en el horno a 150 °C, hasta que estén crujientes.

Una vez listos, guarda los picatostes en un recipiente hermético para mantener su textura crujiente.

Para servir, coloca los puerros asados en un plato ancho, reparte cucharaditas de olivada por encima, añade los picatostes, la granada, el perejil picado y una pizca de sal negra en escamas.

PARA 3-4 PERSONAS

ROMANESCO, HUMMUS DE HARISSA Y MAJADO

INGREDIENTES

Para el romanesco

- 1 romanesco mediano
- 20 ml de AOVE
- una pizca de sal y pimienta

Para el hummus de harissa

- 450 g de garbanzos cocidos
- 50 g de hielo picado o agua fría
- 100 g de tahini
- 30 g de pasta de harissa
- 30 ml de AOVE
- 1 cdta. de pimentón ahumado
- el zumo de 1 limón
- una pizca de sal

Majado de hierbas

- ½ cdta. de perejil picado
- 1 cdta. de orégano
- 1 cdta. de romero picado
- 1 cdta. de salvia picada
- 1 cdta. de pimentón
- ½ cdta. de chile molido
- el zumo de 1 limón
- 2 cdas. de AOVE
- sal al gusto

Del grupo de las coles, el romanesco y las coliflores se encuentran principalmente en las temporadas más frías. Elaboradas con cariño pueden ser el centro de cualquier mesa. Ahora bien, hay unos puntos clave que tener en cuenta en esta receta: dorar al horno para resaltar sabores, una base de hummus especiado, un poco de picante para realzar y un majado de hierbas que agrega matices interesantes al plato.

ELABORACIÓN

Lava bien el romanesco y corta la parte del tallo para que aguante en pie sin caerse. Pon a hervir una olla grande con agua y sal. Cuando hierva, añade el romanesco y cocina con la tapa puesta durante 5 minutos. Precalienta el horno a 180°C. Retira el romanesco del agua, pásala a una fuente de horno, aliña con aceite de oliva y hornea durante unos 40 minutos o hasta que esté bien doradita.

Mientras, prepara el hummus. Tritura todos sus ingredientes en una batidora o túrmix. Ajusta el punto de sal y acidez.

Para el majado, mezcla sus ingredientes en un bol. Reserva.

En un plato ancho, sirve una buena base de hummus de harissa, a continuación, el romanesco y adereza con el majado.

PARA 2-4 PERSONAS

CURRI ROJO DE LENTEJAS CON VERDURAS ASADAS

INGREDIENTES

- 500 g de lentejas remojadas 1 hora
- 60 g de pasta de curri rojo
- 500 ml de leche de coco
- 2 boniatos medianos
- 4 zanahorias
- ½ brócoli
- 30 ml de AOVE
- 50 g de cebolla morada
- el zumo de ½ limón
- una pizca de sal

Para servir

- 8-10 hojas de cilantro
- gajos de lima
- anacardos tostados
- 80 g de arroz basmati cocido por persona

El invierno es la temporada estrella de los platos de cuchara y horno. Esta receta trae un poquito de ambos: un curri intenso de lentejas y una bandeja de verduras de temporada. Si bien es cierto que los curries se disfrutan en cualquier temporada, en invierno son aún más deliciosos porque pueden ser más calientes, especiados y picantes. Particularmente, me gusta tener pastas de curri listas para usar siempre en mi cocina porque potencian muchos platos. Te recomiendo que revises el capítulo de bases para tener algunas ideas al respecto.

ELABORACIÓN

Calienta una olla con 1 cucharada de aceite de oliva, rehoga ligeramente la pasta de curri, añade las lentejas remojadas y cubre con la leche de coco y una pizca de sal. Cocina durante 20-35 minutos o hasta que las lentejas estén cocidas y el caldo se haya concentrado.

Mientras precalienta el horno a 180 °C, lava bien las verduras. Corta el brócoli en floretes, la zanahoria en mitades y el boniato en cuartos. Aliña todo con aceite de oliva y sal, y hornea durante 30 minutos o hasta que estén dorados y blanditos.

Pica la cebolla morada en juliana y pásala a un bol. Añade el zumo de limón, una pizca de sal y deja encurtir al menos 20 minutos en la nevera.

Sirve el curri con las verduras asadas, termina con el cilantro, los gajos de lima, la cebolla encurtida y los anacardos, y acompaña con arroz basmati.

PARA 2-4 PERSONAS (EQUIVALE A 8 CANELONES PEQUEÑOS)

CANELÓN DE SETAS CON BECHAMEL DE COLIFLOR

INGREDIENTES

Para el canelón

- 1 kg de cebolla
- 2 hojas de laurel
- 1 kg de setas ostra
- 8 láminas de pasta de canelón
- 80 g de nata vegetal
- 60 ml de AOVE
- una pizca de sal y pimienta

Para la bechamel de coliflor

- 300 g de coliflor
- 80 g de harina de trigo
- 80 ml de AOVE
- 1 l de leche de soja
- 20 g de miso
- ½ cdta. de nuez moscada molida
- una pizca de sal y pimienta negra

Este es el top 3 en ventas en nuestro restaurante, donde hacemos grandes producciones de canelón cada semana. La versión que te traigo es una adaptación para las cocinas domésticas. Te doy unas claves para que las tengas en cuenta: las setas han de dorarse bien en el horno para intensificar su sabor umami y la cebolla tiene que estar bien pochada. Verás que la bechamel de coliflor es muy sedosa y delicada, y, en conjunto, crea un plato maravilloso.

ELABORACIÓN

Para el relleno, corta la cebolla en juliana y póchala a fuego bajo durante 1 hora en una olla de base ancha con parte del aceite de oliva, el laurel, la pimienta y la sal. Debe reducirse y dorarse ligeramente, sin llegar a caramelizar.

Mientras, precalienta el horno a 180 °C, desmecha las setas, alíñalas con aceite de oliva, sal y pimienta, y hornéalas durante 20-30 minutos hasta que estén bien doradas y hayan reducido su volumen. Remueve cuando haya pasado la mitad del tiempo. Mezcla la cebolla con las setas horneadas y la nata, ajusta de sal y pimienta, y reserva.

Cocina la pasta en agua hirviendo, déjala un par de minutos menos de lo que indica el fabricante. Escúrrela y corta la cocción en un bol con agua y hielo. Escurre y seca. Rellena la pasta con la mezcla de cebolla y setas, y reserva.

Para la bechamel, cocina la coliflor en agua hirviendo con sal hasta que esté blanda. Retira del fuego, escurre y tritura en una batidora hasta conseguir una crema lisa. Reserva. En una olla, calienta la harina con el aceite de oliva a fuego bajo, remueve con una varilla hasta que adquiera algo de color. Incorpora la leche poco a poco, sin dejar de remover, y cocina hasta que hierva. Agrega la crema de coliflor, el miso, nuez moscada, pimienta negra, ajusta la sal y reserva.

Cubre la base de una fuente para horno con un poco de bechamel, coloca los canelones, cúbrelos con el resto de la bechamel y gratina a 200 °C durante unos 10-15 minutos.

PARA 2 PERSONAS

ARROZ MELOSO DE PUERROS Y CÍTRICOS

INGREDIENTES

- 3 puerros medianos
- 30 ml de AOVE
- 900 ml de caldo vegetal (ver receta en pág. 40)
- 140 g de arroz bomba
- la ralladura de ½ limón
- la ralladura de ½ lima
- perejil picado al gusto
- una pizca de sal y pimienta negra

Para servir

- sal en escamas al gusto
- 20 ml de ajada (ver receta en pág. 38)

Esta receta es una demostración de que pueden conseguirse platos deliciosos con pocos elementos. La dulzura del puerro se equilibra perfectamente con el frescor de los cítricos. La clave para este plato es un buen sofrito de puerros, para lo que tendrás que dejar que reduzcan poco a poco con el aceite.

ELABORACIÓN

Precalienta el horno a 150 °C. Lava bien los puerros, corta las puntas y las primeras capas (como sabes, puedes aprovechar estas partes para elaborar un caldo). Separa uno de los puerros, córtalo por la mitad a lo largo y luego divide cada mitad en 4 trozos. Colócalos en una bandeja de horno, añade un chorrito de aceite y una pizca de sal, y hornea durante 30 minutos.

Corta los demás puerros en cubos pequeños. Calienta una sartén de bordes altos con aceite de oliva y sofríe los puerros a fuego medio-bajo durante 15-20 minutos, removiendo de vez en cuando, hasta obtener un sofrito.

En una olla aparte, lleva a hervir el caldo.

Sube el fuego del sofrito, agrega el arroz y remueve constantemente durante 2-3 minutos. Añade un par de cazos del caldo caliente y remueve. Ajusta el temporizador a 2 minutos menos del tiempo de cocción recomendado para el arroz que estés usando (para esta receta, utilicé arroz bomba, que suele tardar unos 18 minutos, por lo que programé el temporizador en 16 minutos). A lo largo de la cocción, añade caldo caliente al arroz manteniéndolo siempre húmedo, y sigue removiendo cada tanto.

Cuando termine el tiempo, retira la sartén del fuego, añade una cucharada de aceite de oliva, ralla el limón y la lima, y remueve vigorosamente durante unos segundos para lograr una textura más melosa.

Sirve el arroz en un par de platos, coloca los trozos de puerro asado, ralla un poco más de cítricos por encima, añade la ajada, el perejil picado y la sal en escamas. ¡Buen provecho!

PARA 8 PORCIONES

BIZCOCHO DE MANDARINA

INGREDIENTES

- 200 g de mandarina
- 80 ml de leche de soja
- 100 ml de AOVE
- 150 g de azúcar blanco
- 200 g de almendra cruda
- 90 g de harina sin gluten + 20 g para encamisar el molde
- la ralladura de 1 limón
- 10 g de impulsor
- azúcar glas para decorar (opcional)

Sé que hay muchas variedades de bizcocho, pero siempre me ha encantado el clásico de naranja y almendra. El sabor, la sencillez y poder usar la fruta entera sin desperdicio creo que son puntos positivos. Esta es una versión elaborada con mandarinas, fácil de preparar y deliciosa. Para lograr el toque maestro, tuesta las almendras crudas y haz tu propia harina de almendra con ellas, te aseguro que esto cambia las reglas del juego.

ELABORACIÓN

Precalienta el horno a 180 °C. Tuesta las almendras ligeramente. Retira del horno, deja enfriar y enseguida tritúralas en un procesador para conseguir la harina de almendra. Reserva.

Lava bien las mandarinas y hiérvelas enteras en agua durante 20 minutos. Una vez cocidas, escurre el agua y tritura en una batidora o un procesador hasta obtener un puré. Añade la leche de soja, el aceite y el azúcar, y tritura unos segundos más.

En un bol, mezcla la harina de almendra, la harina sin gluten, la ralladura de limón y el impulsor. Incorpora la mezcla de la mandarina y pasa todo a un molde redondo de 22 cm encamisado.

Hornea el bizcocho durante 45-50 minutos. Retira del horno, deja enfriar y decora con azúcar glas. Puedes conservarlo hasta 5 días en la nevera.

PARA 8 GALLETAS

GALLETAS DE LEMON PIE

INGREDIENTES

Para las galletas

- 320 g de harina blanca
- 235 g de mantequilla vegetal
- 50 g de azúcar blanco
- una pizca de sal
- 1-2 cdas. de bebida vegetal

Para la crema de limón

- 125 ml de zumo de limón
- la ralladura de todos los limones utilizados para el zumo
- 150 ml de leche vegetal
- 75 g de azúcar
- 30 g de almidón de maíz
- una pizca de sal
- ½ cdta. de cúrcuma

Para servir

- 200 g de merengue de aquafaba (ver receta de ensalada de frutas de temporada, pág. 116)
- la ralladura de limón al gusto

Los cítricos se pueden encontrar en distintas temporadas, ya que hay diversas variedades que van cubriendo los diferentes meses del año. Mayoritariamente se encuentran desde el otoño hasta la primavera; aun así, en invierno es cuando más brillan muchos de ellos, y el limón, por ejemplo, es muy abundante. Una rica forma de usarlo es como en esta receta, una manera más divertida y fácil de compartir. Si deseas, puedes doblar la cantidad de crema de limón y merengue para convertir las galletas en una tarta de limón tradicional.

ELABORACIÓN

Para las galletas, mezcla los ingredientes secos en un bol. Incorpora la mantequilla vegetal fría en dados y mezcla frotando los dedos hasta obtener una textura arenosa, pero evita amasar en exceso. Añade 1-2 cucharadas de bebida vegetal y presiona la mezcla hasta formar una bola de masa. Cubre y refrigera durante 30 minutos.

Precalienta el horno a 180 °C. Retira la masa de la nevera, presiona contra la encimera para formar un cilindro. Corta 8 rodajas de alrededor de 1 cm de grosor, colócalas en una bandeja con papel de horno y hornea 15 minutos o hasta que empiecen a dorarse. Deja enfriar.

Para la crema de limón, tritura todos sus ingredientes en una batidora. Lleva la mezcla a una olla y cocina a fuego medio, removiendo sin parar hasta que hierva. Retira del fuego, pasa a un bol y cubre con film en contacto con la superficie para evitar que se forme costra. Deja enfriar.

Monta las galletas de lemon pie añadiendo una cucharada de crema de limón y de merengue en cada una. Si tienes un soplete, quema un poco el merengue. Finaliza con ralladura de limón y disfruta.

PARA 8 PORCIONES

TARTA DE CHOCOLATE Y NARANJA

INGREDIENTES

- 100 g de avellanas
- 100 g de almendras
- 80 g de dátiles
- la ralladura de ½ naranja
- 60 ml de aceite de coco
- 250 g de chocolate con una concentración mínima del 72 por ciento
- 300 g de nata
- piel de naranja al gusto
- una pizca de sal
- 80 g de mermelada de naranja

El chocolate y la naranja son una pareja ideal dados los contrastes entre ambos ingredientes. Vas a ver que esta tarta es muy sencilla de preparar y que es perfecta para compartir.

ELABORACIÓN

Precalienta el horno a 180 °C y tuesta ligeramente las avellanas y almendras unos 7 minutos. Retira del horno y deja enfriar.

En un procesador tritura unos segundos los frutos secos ya fríos, hasta conseguir una harina gruesa. Añade los dátiles, la ralladura de naranja, el aceite de coco y una pizca de sal, y vuelve a triturar todo hasta formar una mezcla.

Forra la base de un molde de tarta redondo de 22 cm con papel de horno y cubre la base con la mezcla de frutos secos y dátiles. Presiona con los dedos para compactar y nivelar la base. Enfría en la nevera al menos 20 minutos.

Pica el chocolate, añádelo a un bol y reserva. En un cazo, hierve la nata con la piel de naranja. Retira la piel y vierte la nata caliente sobre el chocolate. Deja reposar 2 minutos y luego, con una varilla, remueve poco a poco hasta incorporar y formar una ganache lisa y homogénea.

Vierte la ganache aún caliente sobre la base de frutos secos, deja enfriar en la nevera al menos 4 horas antes de dividir en porciones y servir. Mi recomendación es que la presentes con mermelada de naranja casera.

AGRADECIMIENTOS

Emprender aventuras como esta rara vez es sencillo, y mucho menos posible, sin el apoyo y cariño de esas personas especiales que iluminan el camino: amigos, familiares y compañeros de jornada. Quiero dedicar este espacio a expresar mi más profundo agradecimiento a todos aquellos que, de alguna manera, sumaron y formaron parte de este maravilloso proyecto.

Gracias, Júlia, por ser esa gran compañera, por apoyar mis locuras y por tu casi infinita paciencia y amor. A mi gran amigo Omar y a mi querido socio Jhoan: este libro no existiría sin vosotros. Ricard, gracias por animarte a embarcarte en esta aventura conmigo y aportar tanto. A mi linda hermana Annie, por tus sonrisas, tu motivación y, sí, por esos higos que cosechaste para nosotros. A todo el equipo del Bella Verde y Bella Vista.

Y, por supuesto, a mis amados padres, Helena y Hugh, y a mis padrinos Derek y Christine, gracias por todo, por tanto, siempre.

Os quiero.

ÍNDICE DE RECETAS

BEBIDAS VEGETALES 18

- Leche de avena 23
- Leche de crema de cacahuetes y tahini 24
- Leche de semillas de cáñamo 24
- Chocolate caliente de avena 25

QUESOS VEGETALES 26

- Mozzarella de almendras 28
- Cuajada de cáñamo 29
- Queso crema de anacardos 29
- Feta de tofu 30
- Ricotta de tofu 30

MASALAS SECAS 32

- Tandoori 33
- Sazón 33
- Mediterráneo 33
- Ras el hanout 34
- Criolla 34
- Garam masala 34
- Chimichurri seco 34

MASALAS HÚMEDAS 35

- Curri amarillo 36
- Curri verde 36
- Pasta de curri rojo 37
- Harissa 37

MAJADOS Y PESTOS 38

- Ajada 38
- Pesto de espinacas y pistachos 38

CALDOS Y SOFRITOS 39

- Caldo vegetal 40
- Caldo umami de recortes 40
- Caldo dashi vegano 41
- Sofrito básico 42

CREMAS, SALSAS Y ALIÑOS BASE . . . 43

- Salsa base de anacardos 44
- Crema agria de anacardos 44

VEGANESA 45

- Veganesa base 45
- Veganesa de chipotle 45

HUMMUS Y PASTAS DE LEGUMBRES . . 46

- Hummus base 46
- Hummus verde 46

VINAGRETAS Y ALIÑOS 47

- Vinagreta de mostaza y agave 47
- Vinagreta balsámica con fresas 47
- Vinagreta de limón y albahaca 47
- Vinagreta de naranja y jengibre 47
- Vinagreta de miso y sésamo 47
- Vinagreta de vino tinto y ajo 47
- Vinagreta de mango y lima 47
- Vinagreta de mostaza y estragón 47
- Vinagreta de frambuesa y menta 47
- Vinagreta de pepino y yogur 47

PRIMAVERA 57

- Pancake de quinoa con tofu y espárragos verdes 58
- Blinis de zanahoria 60
- Mermelada de naranja de mi padre 62
- Ensalada de aguacate tatemado con cítricos 64
- Rollitos de acelga 66
- Hummus de guisantes y crudos 68

Coca de espárragos verdes
y mozzarella 70
Agua infusionada / ice tea 72
Ensalada de judión y cítricos 74
Falafel de guisantes 76
Zanahorias asadas con smash
de alubias blancas 78
Arroz de primavera al fuego 80
Panna cotta de romero con fresas 82
Cheesecake de cerezas aliñadas 84
Bizcocho especiado de zanahoria 86

VERANO 89
Tostadas de verano 90
Chía pudin bowl con higos 92
Shakshuka vegan 94
Tacos vegetales de berenjena
con salsa de nectarinas 96
Gazpacho de ciruelas 98
Pimientos escalivados con feta
de tofu y gremolata 100
Rollitos frescos de calabacín 102
Tres dips supremos 104
Tiradito de sandía 106
Ensalada veraniega de tomates
y nectarinas 108
Calabacín y romesco 110
Berenjena asada y ajoblanco
de anacardos 112
Ensalada de frutas de temporada
con merengue quemado 114
Galette de frutos rojos 116
Mousse de chocolate e higos 118

OTOÑO 121
Pancake de garbanzos, verdes
y no queso fundido 122
Sándwich de calabaza asada, pesto
y rúcula 124
Scone de maíz 126
Cinnamon roll de boniato 128
Setas crispy 130
Cremoso de maíz 132
Boniatos asados con queso crema
de anacardos 134
Quiche de calabaza asada 136
Ramen de setas y acelgas 138
Albóndigas con salsa de calabaza
y curri 140
Bowl de otoño 142
Seitán glaseado 144
Minitartitas de peras al vino 146
Crema catalana de manzana y miso 148
Cookies de caqui 150

INVIERNO. 153
Porridge de quinoa y manzana 154
Okonomiyaki 156
Tortitas de avena y semillas con smash
de calabaza 158
Boniatos asados con crema agria
y criolla 160
Burger de apionabo 162
Brócoli crunchy con salsa goma
y encurtidos 164
Cuscús de coliflor 166
Puerros asados, olivada y picatostes 168
Romanesco, hummus de harissa
y majado 170
Curri rojo de lentejas con verduras
asadas 172
Canelón de setas con bechamel
de coliflor 174
Arroz meloso de puerros y cítricos 176
Bizcocho de mandarina 178
Galletas de lemon pie 180
Tarta de chocolate y naranja 182

ÍNDICE DE INGREDIENTES

A

aceite
- de aguacate, 47
- de coco, 84, 86, 182
- de oliva, 36, 47, 98
- de oliva virgen extra, 30, 37, 38, 40, 42, 45, 47, 58, 60, 64, 66, 68, 70, 74, 77, 79, 80, 90, 94, 98, 100, 102, 104, 106, 107, 108, 110, 112, 122, 124, 132, 134, 136, 138, 140, 141, 142, 144, 145, 156, 158, 160, 162, 164, 166, 168, 170, 172, 174, 176, 178
- de sésamo, 47
- de sésamo tostado, 164
- neutro, 36
- para freír, 76, 96, 130, 162
- vegetal neutro, 37, 45

aceitunas
- kalamata, 74, 168
- variadas, 77

acelgas, hojas de, 66, 122, 136, 138

achiote molido, 33

agar-agar, 28, 82, 84, 114

agave, sirope de, 24, 36, 47, 62, 74, 92, 128, 146

aguacate, 60, 64
- aceite de, 47

ajada, 46, 107, 110, 112, 176

ajedrea seca, 34

ají
- amarillo, 160
- amarillo, pasta de, 106
- panca, pasta de, 106

ajo, 36, 37, 40, 112
- asado, 45, 78, 110
- cabeza de, 78
- dientes de, 36, 37, 38, 40, 45, 46, 68, 76, 77, 78, 94, 98, 100, 104, 105, 106, 110, 124, 132, 140, 144, 166, 168
- en polvo, 33, 34
- granulado, 34
- negro, 45
- picado, 47, 77

albahaca, 45, 47, 100, 124
- hojas de, 38, 70, 79, 90, 102, 108
- picada, 47
- seca, 34

alcaravea en polvo, 37

alga
- kombu, 40, 41, 106
- nori, 138, 164

almendras, 28, 66, 182
- crudas, 110, 178
- mozzarella de, 70, 108, 122, 124
- tostadas, 84, 100
- tostadas picadas, 110, 114, 145

almidón
- de maíz, 144, 146, 148, 180,
- de tapioca, 28

alubias blancas, 46, 53, 78

amapola, semillas de, 158

amaranto, 55

anacardos, 29, 44, 78, 84
- crema agria de, 97, 132, 160
- crema de queso de, 60, 88, 112, 132
- tostados, 105, 112, 172

apio, ramas de, 40, 106

apionabo, 162

aquafaba, 45, 114, 118, 162
- merengue de, 180

arroz
- arborio, 55
- basmati, 55, 141, 172
- blanco cocido, 66
- bomba, 55, 80, 176
- integral, 55
- vinagre de, 29, 47, 106, 138

avellanas, 62, 118, 182
- tostadas, 84, 90, 110, 134

avena, 23, 62
- copos de, 158
- leche de, 25

azúcar, 62, 72, 82, 114, 116, 118, 126, 146, 148, 150, 154, 162, 176, 178, 180
- glass, 86, 129, 178
- moreno, 138
- moreno integral, 154
- moscovado, 86, 128, 144, 150

azuki, 53

B

bebida vegetal, 116, 180
- de soja, 126

berenjena, 96, 105, 112

bicarbonato, 86, 126, 150

boniato, 48, 126, 134, 142, 160, 172

brócoli, 164, 172

C

cacahuetes tostados, 164

cacao en polvo, 25, 118

calabacín, 102, 110

calabaza, 44, 46, 124, 140, 158
- hokkaido/potimarron, 136
- semillas de, 158

caldo
- dashi, 138, 156
- vegetal, 80, 140, 176

canela, 86, 126, 146, 148, 154
- molida, 34, 128

cáñamo
leche de, 29
semillas de, 24
caqui fresco, 126, 150
cardamomo, 34, 36
cayena, 34
pimienta de, 33, 34
cebolla, 40, 42, 76, 94, 136, 140, 142, 144, 156, 163, 166, 174
en polvo, 33
granulada, 34
morada, 64, 74, 76, 96 106, 122, 160, 164, 172
cebolleta, 37, 106
verde picada, 138, 156, 164
cebollino, manojo de, 38
cerezas, 84
chalota, 36
chía, 62, 92, 154
semillas de, 158
chile
baklouti sin semillas, 37
chipotle, 44, 45, 110
en polvo, 79, 107, 132, 170
rojo, 36, 37, 96
seco, 34
verde, 36
chocolate negro, 25, 118, 182
cilantro, 45, 64, 76, 107, 132
en grano, 34, 36
en polvo, 37
fresco, 36, 94, 141
manojo de, 38, 66, 76, 106, 160
molido, 33, 34
picado, 47, 97
rama de, 94, 96
semillas de, 37, 76
ciruelas, 106, 107
clavo, 36, 146
de olor, 34
molido, 34
coco
aceite de, 84, 86, 182
leche de, 140, 172
cogollos, hojas de, 96
col
lombarda, 163
rallada, 156
coliflor, 166, 174
comino
en grano, 34, 36
en polvo, 37, 78, 94
molido, 33, 34
semillas de, 37, 76
cuscús, 55
crema de queso de anacardos, 60
cúrcuma, 58, 86, 158, 180
en polvo, 36, 60, 76
fresca, 36, 37, 76
molida, 33, 148
curri amarillo, pasta de, 46, 140

D

dátil, 23, 24, 84, 166, 182
deshuesado, 66

E

edamame, 53
edulcorante, 72
endulzante, 25, 37
eneldo, 45, 47, 58, 68
espárragos verdes, 58, 70, 80
espinacas, 46, 76, 124
hojas de, 38, 122
manojo de, 122, 136
estragón fresco, 47

F

farro, 55
fideos para ramen, 138
flores de romero, 82
frambuesa
puré de, 47
vinagre de, 47
fresas, 82, 114
frescas, puré de, 47
frutas variadas, 72
frutos rojos, 116

G

galanga, 37
garbanzo, 46, 53, 60, 76, 104, 170
harina de, 60, 96, 122, 130, 136, 140, 156, 162
gochujang, 45, 138
granada, 144, 158, 166, 168
guajillo, 37
guisantes, 46, 68
frescos, 53, 76

H

harina
blanca, 116, 180
de fuerza, 128
de garbanzo, 60, 96, 122, 130, 136, 140, 156, 162
de maíz, 126
de trigo, 70, 86, 156, 162, 174
de trigo de repostería, 128, 150
de trigo integral, 126
integral, 128
sin gluten, 176
harissa, pasta de, 94, 170
hierbabuena, 59, 73
hojas de, 70, 74, 79, 84, 92, 104, 166
picada, 68, 77, 105
ramas de, 68
hierbas
frescas, 29, 59, 72
secas, 29
higos frescos, 92, 118
hinojo, bulbo de, 74
hojaldre vegano, lámina de, 146
hummus base, 46

I

impulsor, 86, 126, 150, 178

J

jengibre, 86, 106
en polvo, 36, 128
fresco, 36, 37
molido, 33, 34
rallado, 47
judías verdes, 53, 80
judión cocido, 74

L

laurel, hojas de, 40, 42, 174
leche
de avena, 25
de cáñamo, 29
de coco, 140, 172
de soja, 45, 106, 136, 146, 148, 174, 178
vegetal, 58, 62, 68, 84, 86, 92, 116, 128-129, 132, 144, 146, 154, 162, 180
lechuga, hojas de, 96
lentejas, 172
levadura, 128
fresca, 70, 162
nutricional, 28-30, 38, 44 78
lima, 132, 160
gajos de, 97, 172
ralladura de, 36-37, 114, 176
zumo de, 30, 36, 38, 44, 45, 47, 68, 73, 96, 106, 114, 148, 154
limón, 73, 138
gajo de, 59, 138
piel de, 146, 148
ralladura de, 36, 47, 64, 66, 76, 84, 100, 116, 126, 130, 146, 154, 158, 166, 176, 178, 180
zumo de, 28, 29, 30, 36-38, 37, 38, 44, 46-47, 60, 64, 66, 68, 74, 76-78, 82, 84, 100, 104-105, 112, 114, 118, 124, 126, 134, 136, 158, 163-164, 166, 170, 172, 180
limoncillo, 36-37
lino, 62

M

maíz
almidón de, 144, 146, 148, 180
desgranado, 126
harina de, 126
mazorca de 132
mandarina, 73, 178
mango, puré de, 47
mantequilla
vegana, 86, 126, 146
vegetal, 116, 126, 128, 150, 162, 178
mantequilla de cacahuete, 24, 138
manzana, 154
roja, 148
vinagre de, 38, 47, 110, 112
menta picada, 47
mermelada de naranja, 182
miel, 47
mijo, 55
mirin, 164
miso, 30, 58, 78, 105, 124, 148, 164, 174
blanco, 28-30, 136
pasta de, 47
rojo, 134, 138
mostaza
antigua, 74
de Dijon, 45, 47, 64
mungo, 53

N

nabo, 68, 80
naranja, 64, 66, 76
mermelada de, 182
piel de, 146, 182
ralladura de, 126, 146, 154, 182
zumo de, 47, 64
nata, 106, 182
vegetal, 82, 118, 129, 174
nectarina, 88, 98, 110
nueces, 140, 154, 166
picadas, 86
nuez moscada, 34, 44, 86, 128
molida, 174

Ñ

ñora, 37

O

orégano, 30, 33-34, 58, 130, 134, 140, 142, 158, 162, 170
seco, 33, 34

P

pan
de pita, 77
rebanadas de, 90, 94, 100, 124
panko, 130, 162
pasta de canelón, 174
patatas, 144
pepino rallado, 47
pera, 146
perejil
fresco picado, 158, 168, 170, 176
manojo de, 38, 40, 66, 76, 100, 166
seco, 34
pesto de pistachos, 70
pimentón, 60, 68, 130, 142, 162, 170
ahumado, 34, 45, 110, 140-141, 158, 168, 170
dulce ahumado, 68, 134
dulce en polvo, 33
picante en polvo, 33
pimienta
de cayena, 33, 34
de Jamaica molida, 34
negra, 30, 33, 34, 36, 37, 40, 44, 58, 60, 64, 66, 78, 86, 94, 132, 136, 140, 142, 158, 174, 176
pimiento
rojo, 36, 94, 104
rojo picado, 37
verde, 36
pistachos, 38, 70, 124
pesto de, 70
plátano, 154
polenta, 55
polvo para hornear, 156
pomelo, 73-76
puerro, 40, 80, 168, 174

Q

queso crema de anacardos, 86, 98, 105, 110, 134
quinoa, 58, 142, 154

R

rabanitos, 58, 60, 68, 76, 80
ras el hanout, 166
remolacha, 104, 142, 145
repollo, 163
romanesco, 170
romero
- fresco, 47
- picado, 168, 171
- rama de, 80, 82, 136, 144
- seco, 33

rúcula, hojas de, 124, 142

S

salsa
- de soja, 138, 164
- okonomiyaki, 156
- picante, 138
- shoyu, 106, 140, 144

salvia
- hojas de, 130
- picada, 168, 170

sambal, 44
sandía, 73, 106
seitán, 144
semillas
- de amapola, 158
- de calabaza, 158
- de cáñamo, 24
- de chía, 158
- de sésamo, 60, 156, 164

sésamo, 62
- aceite de, 47, 164
- semillas de, 60, 156
- semillas tostadas de, 164

setas
- ostra, 130, 174
- shiitake, 40-41
- shoyu, 39
- tamari, 39
- variadas, 138

shoyu, salsa, 108, 140, 142
sirope
- de agave, 22, 24, 36, 47, 62, 74, 92, 128, 146
- de arce, 154

sofrito, 82
soja, 53
- fermentada, pasta de, 39
- leche de, 45, 106, 136, 146, 148, 174, 178
- salsa de, 138, 164
- texturizada, 140

sriracha, 44, 144
sumac, 68, 105

T

tahini, 24, 46, 58, 66, 68, 78, 104-105, 138, 158, 164, 170
tapioca, almidón de, 28
té, bolsitas de, 72
tirabeques, 145
tofu
- blando, 136
- feta de, 100, 104
- firme, 30, 58, 142, 156
- ricotta de, 92, 96, 104

tomate, 40, 42, 90, 94, 96, 98, 108, 112
- cherri, 104
- concentrado, 94
- maduro, 98
- pera, 110
- seco, 102

tomillo, 40, 142, 162
- en polvo, 40, 140, 142
- ramitas de, 40
- seco, 33-34

trigo
- harina de, 70, 86, 126, 128 156, 162, 174
- harina integral de, 128
- sarraceno, 55

V

vainilla
- esencia de, 82, 86, 118, 128
- pasta de, 146

veganesa, 156, 163
- de chipotle, 130

verduras
- cáscaras de, 40
- recortes y pieles de, 40
- variadas, 72

vinagre, 28, 30, 114
- de arroz, 29, 47, 106, 138
- de frambuesa, 47
- de Jerez, 74, 98
- de manzana, 38, 47, 110, 112
- de vino blanco, 47
- de vino tinto, 47

vinagreta de mostaza, 108, 112
vino
- blanco, 144
- tinto, 146

Y

yogur vegetal, 47, 66, 77

Z

zanahoria, 40, 60, 64, 68, 78, 80, 86, 145, 163, 172
zumo
- de lima, 30, 36-38, 44-45, 47, 68, 73, 96, 106, 114
- de limón, 28, 29, 30, 36-38, 37, 38, 44, 46-47, 60, 64, 66, 68, 74, 76-78, 82, 84, 100, 104-105, 112, 114, 118, 124, 126, 134, 136, 158, 163-164, 166, 170, 172, 180
- de naranja, 47, 64